KB262524

마음
머문 곳에
행복이라

성타
생활 명상집

사진 양병주

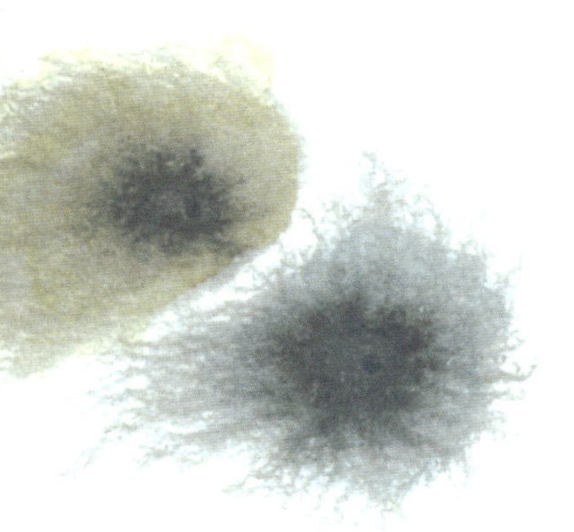

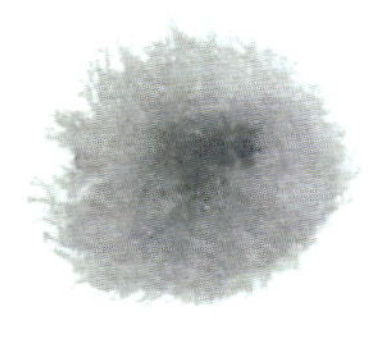

마음 멈춘 곳에
행복이라
곳에

은행나무

여유로움은 시간이 아니라 마음의 개념입니다. 없는 시간을 만들어서
여유로워지는 것이 아니라 있는 시간을 그대로 두고 여유로워지는 것입니다.
세월은 빠르지도 느리지도 않습니다. 분주함이 빠르게 만들고 허무함이 지루하게 만들 뿐입니다.

축서(祝序)

신라 천 년의 고도(古都)인 경주에는 부처님의 말씀과 연관된 불교적인 사실도 풍부하지만, 옛적부터 효자들이 많이 배출되었던 곳이기도 하다.

김대성이 경주 서쪽의 모양리(牟梁理)에 현세의 이친(二親)을 위해 불국사를 세웠고, 전생의 부모님을 위해 석불사를 건립했다. 기갈(飢渴)이 심하던 어머니를 위하여 완호평에 자식들을 이장하려고까지 하였던 손순(孫順)은 그 선행담이 흥덕왕에게 알려져 많은 하사품을 받았으며, 자기 집을 흥효시로 바꾸어 중생의 효심을 제도했고, 분성시의 동쪽 마을은 가난한 환자가 눈이 먼 어머니를 위하여 자신을 팔아 봉양했던 곳이었다.

부처님의 가르침은 돈오(頓悟)나 점오(漸悟)만을 고집하지 않는다. 사람이 사람을 섬기는 것은 인륜의 기본이기 때문에 부모가 자식을 사랑하는 것도 당연하지만, 자식이 부모님을 섬기는 것은 인륜을 넘어 자신을 닦는 수행의 길이다. 따라서 부모님께 부처님과 같은 대비심을 낸다면, 그 경지가 바로 깨달음의 세계로 들어가는 첩경인 것(因於大悲 生菩提心)을 신라인들은 알았던 것이다.

한 몸으로 두 세상의 부모님께 효도한 김대성이 세운 불국사이기 때문에 거기에 머물렀던 표훈 스님 같은 분은 경덕왕의 후사를 위하여 종종 하늘에 올라 천제와 면담하고 내려왔을 만큼 덕행이 뛰어났으며, 이러한 표훈 스님 이후에 신라에는 다시는 성인이 나지 않았다(自表訓後 聖人不在於新羅云)는 것은 어쩌면 신라인들의 불효 사실을 말하는지도 모른다.

성타 스님께서는 1952년에 이러한 효행설화가 담긴 불국사에 출가한 후에 금오 큰스님을 계사로, 월산스님을 은사로 봉은사에서 사미계와 비구계를 받았으며, 1974년에는 불국사의 총무직을 맡아서 절의 살림을 담당했다. 1982년에는 조계종 총무원 교무부장직을 맡아 종단의 교육사업에 진력

하셨고, 이어 1993년에는 석굴암 주지, 1995년에는 조계종 포교원장, 1998년에는 불국사 주지, 2002년에는 동 사찰의 회주를 맡으셨으며, 작년부터는 다시 주지를 맡아 불국사의 중건에 진력하고 계신다.

사회적으로는 1993년에 대자연환경보존회 이사장직을 비롯하여, 1995년에는 원효학연구원 이사장직과 경주경실련 공동대표직을 맡으셨으며, 1996년에는 청소년 파라미타 총재직을 맡으셔서 청소년 포교에도 각별한 관심을 보이셨다.

저서로는 《금오집》과 《자연과 나》 등이 있고 논문으로는 〈백암사상〉, 〈경허의 선사상〉, 〈경허 선사와 한말의 불교〉, 〈한국불교와 사회적 성격〉 등 다수를 쓰시어 사회봉사와 함께 학자의 모습을 겸비한 선승이시다.

성타 스님을 대하면 마치 미륵불의 화신으로 불렸던 중국의 포대화상(布袋和尙)을 연상시키게 한다. 매사에 소탈하시고, 누구에게나 격의가 없으시며, 고담(古談)스러운 말씀으로 금방 십년지기와 만난 듯한 분위기로 바뀐다. 아무나 할 수 있는 인간관계의 대면이 아니다. 많은 중생을 진실로 사랑하는 진짜 보살의 마음이 없이는 안 되는 부동지의

지경에서 우러나오는 소박함이 깃든 천진난만한 모습인 것
이다.

　신라의 문무대왕이 동해의 해룡이 되어 삼한을 진호하
고, 김유신 장군이 33천의 천자가 되어 신라를 위호하는 두
성인의 은혜에 감홍되어 신문대왕이 감은사를 지었듯이,
성타 스님께서도 불국사에 전해지는 효행 사실을 널리 이
나라에 전파하시어 새로운 불국토를 이루는 데 불력을 경
주했으면 한다.

　여기에 스님께서 평소 사계(斯界)에 투고하신 훌륭한 말
씀들을 모아 책으로 세상에 나오게 된 것을 깊이 경하해 마
지않으면서 축서로 갈음한다.

동국대학교 경주캠퍼스

불교문화대학원장 이만(李萬) 합장

들어가는 글

우연히 시작된 글이 하나 둘 모여 묶여지니 다시 불러 모아 손을 보고 다듬어야 할 곳이 너무 많아 부끄럽다.

불교에 대해 '어렵고 막연하다' 는 말을 많이 들으면서, 좀 더 이해하기 쉽고 신행 생활에 도움이 되고자 하는 나름의 노력으로 원고를 썼다.

노적사 사보 불교 생활법문 지면과 《경북일보》의 '아침 시론' 에 크고 작은 세상사를 불교인의 관점에서 본 소회를 적었던 글과 지인들의 요청이나 부탁으로 써놓았던 글을 새롭게 묶었다.

이 책이 나오기까지 졸고를 모으고 정리해 주신 노적사 주지 스님과 은행나무 출판사 여러분들의 노고가 참으로

컸다. 지면을 빌려 다시 한 번 감사의 말씀을 전한다. 많은 분들의 성원과 격려가 없었다면 이 일을 끝마치기 쉽지 않았을 것이다.

아울러 여러 곳에서 이 책을 읽어주실 독자와 불자들께도 감사의 마음을 전한다.

경주 토함산에서

성타 합장

분열에서 벗어날 생명의 근원으로 돌아가야… <아침시론>

자신의 발아래를 살펴라 <생활 속 법문>

진정 내 것이라고 말할 수 있는 것 하나만 말해보십시오. 떠날 때 가지고 갈 수 있는 것
한 가지만 말해보십시오. 진정 내 것이라 생각했던 내 몸도 놓고 가야 하거늘
다른 것은 말해 무엇하겠습니까. 가져갈 수 없는 것을 가지고 갈 수 있다고 생각하는
어리석음에서 번뇌가 생겨납니다.

소유할 수 있다고 생각하는
마음에서 고(苦)가 생겨난다
—보리수 아래

내 안에 있는 부처님

"마음속에는 부처님이 계십니다." 이 말은 너무나 많이 들어서 일상적이고 상투적인 말로도 들립니다. 스님들의 법문에 항상 이 말씀이 등장합니다. 그래서 '마음이 곧 부처'라는 말을 귀에 못이 박히게 들었을 겁니다. 그러면 묻겠습니다. 정말로 여러분의 내면에 부처님이 계신다고 믿습니까? 여러분 속에 계시는 부처님의 말씀을 들어본 적이 있습니까? 때때로 여러분 속의 부처님과 대화를 나눕니까?

만일 말로만 듣고 이치로만 생각했던 부처님이라면 이 질문들에 대해 선뜻 대답하기 어려울 것입니다. 듣는 것으로 머리에 한 번 담아두고, 잊어버리는 것으로 천 번을 듣고 만 번을 듣는다고 해도 내 안에 부처님이 계시다는 사실을 진심으로 받아들이기 어려울 것입니다.

'스님께서 말씀하시니까', '경에 나와 있으니까'라는 생각만

으로는 내 안에 계시는 부처님과 대화를 나눌 수 없습니다. 그 이유는 부처님께서 아무리 말씀을 하셔도 마음이 열려 있지 않아 머리로만 이해할 뿐 가슴과 실천으로 받아들이지 않았기 때문입니다.

그러면 어떻게 해야 할까요? 어떻게 하면 내 안에 부처님이 나에게 이르시는 말씀을 들을 수 있을까요? 우리가 어떠한 상황 속에서 문제에 직면하여 고민할 때 눈앞의 이익이나 나중에 닥칠 이해타산을 떠나 스스로에게 물어보세요. 부처님이라면 어떻게 하시겠습니까? 이 순간에 어떤 결정을 내리시겠습니까?

나를 잠시 뒤로 미루고 부처님께서 결정하시는 마음의 느낌을 가만히 느껴보세요. 부처님이라면 어떻게 하실까? 바로 그것을 부처님께 여쭈어보는 것, 그래서 부처님의 말씀에 귀를 기울이고 그 말씀대로 행하는 것, 그것이 내 마음속에 계시는 부처님을 인정하는 것이고 부처님과 진정한 커뮤니케이션을 하는 것입니다.

우리가 부처님의 말씀에 귀를 기울이고 그분의 뜻에 맞게 실천하는 그 순간, 우리는 비로소 부처님의 마음과 심성을 접하게 되는 것입니다. '그윽한 자비와 광명' 이라는 미사여구나 멀리만 느껴지던 불상의 부처님에서 '내 마음에 상주불변하는 부처님과 부처님의 마음이 자리잡고 있구나' 라는 깨달음을 하게 됩니다. 내 자신을 통해 구현되는 부처님의 자비와 지혜, 나를 통해 부처님의 가르침과 자비가 실천되는 모습, 참으로 아름다운 모습이 아닙니까.

우리가 불자라면, 진정한 불자라면 항상 부처님과 대화를 나누어야 하고, 내 안에 계신 부처님의 심성을 내가 드러내보여야 하는 아주 큰 책임과 의무를 가지고 있습니다. 이것은 단순한 부담이나 무거움이 아니라 기쁘고 즐겁고 한량없는 공덕을 짓는 참으로 행복한 일입니다.

지혜는 귀를 통해 들어온다

"남의 말에 귀를 기울이지 않는 자는 황소같이 자란다. 살은 불어나지만, 두뇌와 지혜는 자라지 않는다."

《법구경(法句經)》에 나와 있는 부처님의 말씀입니다. 우리는 살아가면서 많은 말을 합니다. 가만히 생각해봅시다. 나는 얼마만큼 말을 듣고 사는가? 얼마만큼 그 말에 귀를 기울이며 사는가? 우리가 듣는 말은 대부분 일방적이라는 사실을 알게 됩니다. 텔레비전이나 라디오 등 대중매체를 통해서 일방적으로 듣는 말이 참으로 많습니다. 그러나 대화 중에 내가 하는 말보다 더 많이 듣고 진지하게 경청하는 시간은 극히 짧을 것입니다.

지혜는 입을 통해 들어오는 것이 아니라 귀를 통해 들어오는 것입니다. 우리의 삶은 그 지혜의 통로를 스스로 막고 있습니다. 기도와 발원을 통해서 지혜를 구하면서도 어리석게 정작 지혜를 얻을 수 있는 가장 좋은 기회를 스스로 버리고 있습니다.

마음이 허전하다고 말합니다. 비어 있다는 뜻이죠. 채워져 있을 때는
뿌듯하다고 합니다. 마음이 어디 있어서 채우고 비우는 것일까요.

또한 내가 하는 그 많은 말들이 상대에게 진정 도움이 되고 지혜의 종자가 되어, 그들 가슴속에 싹을 틔울 자양분 있는 말을 하는가에 대해 되짚어 보아야 합니다. 부처님의 말씀처럼 몸만 불리고 두뇌와 지혜는 점점 볼품없이 작아져 균형을 잃게 된다면, 우리의 삶은 그것에 맞추어져 참으로 어리석은 생이 될 것입니다.

부처님께서 끝없이 말씀하시는 지혜로운 삶과 수행은 많이 듣고, 한 마디 말이라도 지혜의 언어가 될 수 있도록 스스로를 삼가라는 말씀입니다.

우리는 말의 홍수, 언어의 홍수 속에 살고 있습니다. 일방적으로 강요된 말이 아니라 서로 교감하고 배려하며 마음에 따뜻한 기운을 전할 '말다운 말'이 절실한 시대입니다.

많은 말 가운데 정말 필요한 말, 기억되고 가슴에 남아 빛이 되고 등불이 되는 말은 극히 적을 것입니다. 그것은 말을 하는 사람, 듣는 사람 모두에게 해당됩니다. 부처님께서 이렇게 말씀하시는 것을 보면 우리의 본성은 듣기보다 말하는 데 더욱 치우쳐 있는 듯싶습니다. 듣기보다 말하기를 좋아하는 이면에는 자만심, 돋보이려는 생각, 자신의 주장을 관철시키려는 이기심 등이 내면에 자리 잡고 있기 때문일 것입니다.

곰곰이 생각해봅시다. 말속에 지혜를 담아 전하는 일은 참으로 어려운 일일 것입니다. 부처님처럼 모든 말씀이 금과옥조이고 우리 삶을 깨우쳐 주는 지혜의 말씀이라면 더할 나위 없지만 그렇게 되기에는 우리 근기와 수행이 많이 부족합니다.

그렇다면 입보다는 귀를 조금 더 열어놓읍시다. 말을 잠시 쉬고 나의 귀에, 가슴에 닿는 말의 의미에 집중합시다. 그런 삶을 조금씩 연습하고 수행을 통해 일상화한다면 결코 살만 불리는 어리석은 황소는 되지 않을 것입니다. 이 노력은 지혜와 두뇌가 균형을 이룬 아름다운 삶, 성불을 향한 작은 실천이 될 것입니다.

마음이 위치하는 '마음자리'

'마음자리'가 어디에 있습니까? 그곳에 무엇이 있습니까? 마음이면 마음이고 자리이면 자리지 마음자리란 말은 무엇을 뜻할까요?

마음에 형태가 있어서 자리가 필요하고 흔적이 남아서 그곳을 자리라고 할까요? 참 많은 의문이 생깁니다. 마음은 형태도 없고 자취도 없고 색깔도 없고 냄새도 없습니다. 그런데 옛 조사들의 말씀을 보면 '마음자리를 잘 살펴라'는 말이 자주 나옵니다.

형태 없는 것이 위치와 장소를 차지한다는 말이 모순처럼 들립니다. 세상 사물에는 각각의 자리가 있습니다. 위치라는 말로 바꿔보면 의미가 더욱 분명해집니다. 나무가 있는 자리, 바위가 있는 자리, 가전제품과 가구가 있는 자리……. 이렇듯 각각의 자리가 있습니다. 그렇다면 조금 더 확대해서 무형의 위치를 생각해봅시다.

아버지가 있을 자리, 어머니가 있을 자리, 자식으로서의 자리, 직장에서의 자리, 이러한 자리는 형태가 없습니다. 하지만 우리는 그 자리가 나의 역할이라는 사실을 잘 알고 있습니다.

형태는 없지만 분명 위치가 있는 것입니다. 마음자리도 이와 같습니다. 형태는 없지만, 작용은 있습니다. 형태가 없다고 아무렇게나 해서는 안 된다는 말입니다. 작용하고 있는 그 마음을 관(觀)해야 한다는 것입니다. 옛 어른들께서는 그 형태 없는 것보다 그것의 작용에 대해 마음자리란 말로 경계를 이르신 것입니다.

'마음자리를 잘 살펴라' 고 이르신 까닭은 마음의 작용을 잘 살피고 바로 보아 그 마음에 휘둘리고 끌려 다니지 말라는 경구입니다.

바람이 눈에 보이지 않는다고 없다고 할 수 있습니까? 그 자체는 눈에 보이지 않지만 나무숲이 흔들리거나 수면 위에 잔물결이 일면 우리는 바람이 지나가고 있다는 사실을 압니다. 바로 바람의 작용이 사물을 통해 드러나는 것입니다. 그때 우리는 '바람이 부는구나' 라는 말로 바람의 존재를 말합니다.

마음자리도 이와 같습니다. 형태와 빛깔도 없는 그 마음이 작용을 일으킬 때 우리는 비로소 내 안에 있는 마음의 존재를 알게 됩니다. 사랑에 빠지거나 분노로 몸을 떨거나 아름다운 광경

을 보고 감탄해할 때 그 마음이 작용하게 됩니다. 바로 그 마음이 있는 곳, 그 마음이 거처하는 곳이 '자리' 입니다.

살피고 바로 보면 참으로 잡다한 생각들과 감정들이 뒤섞여 잠시도 조용할 틈이 없습니다. 우리가 고요 속에 있다고 생각할 때도 마음은 부단히 움직입니다. 마음을 바로 보고 그 작용이 지금 나를 지배하고 움직이고 있다는 사실을 본다면 내가 진정 나의 주인이 되는 것이 얼마나 힘든지를 알게 되고, 스스로 자신이 주인 되는 수행과 기도에 힘을 기울이게 될 것입니다.

옛 조사들께서 이르신 '마음자리' 는 바로 마음의 형태와 모습에 의미를 두신 것이 아니라 그 작용, 즉 나를 통해 나타나는 마음의 움직임을 말씀하신 것입니다. 여러분을 통해 나타나는 마음은 어떤 모습입니까?

지금 내 마음은 어떤 작용으로 나를 이끌고 있습니까? 그 이끎에, 나는 내 스스로 통제와 절제가 가능한 진정 내 마음의 주인입니까?

'공(空)'의 이치

교만은 참으로 무서운 내부의 적입니다. 스스로를 내세우다 보면 결국에는 저만큼 밀려나 혼자 있는 자신을 발견하게 됩니다. 한참 후의 일이기에 다시 돌아갈 수도 되돌릴 수도 없는 일이 되고 맙니다. 후회 속에서 자신이 지나왔던 일을 곱씹으며 자책에 빠지기도 합니다.

그러나 이것은 그래도 나은 사람입니다. 어리석은 이는 오히려 세상을 탓하고, 자신을 몰라주는 사람들을 원망합니다.

그렇다면 교만은 어디서 생겨나겠습니까? 어떤 마음에서 교만이 생겨날까요? 그것은 비교하는 마음에서 비롯됩니다. '이쪽이 낫다', '저쪽이 못하다', '이것이 좋다', '저것은 나쁘다'라고 하는 비교하는 일에서부터 생겨납니다. 그 비교를 통해 자신이 우월하다고 생각하는 순간부터 교만의 뿌리가 마음에 자리 잡기 시작합니다.

그 비교는 어디서 생겨날까요? 바로 사물과 물건을 차별하여 보는 분별심에서 생겨납니다. ‘잘한다’, ‘못한다’라는 생각은 분명 기준이 있습니다. 어떤 기준이 내 고정관념 속에 있을 것입니다. 그래서 그러한 관념이 단순히 어떤 대상을 이것 아니면 저것으로 단정 짓게 만드는 것입니다. 생활 속에서의 경험이 그러한 판단의 실마리를 제공한 것입니다. ‘선택한다’는 것은 무엇일까요? 둘 이상의 것 중에서 어떤 것을 택하는 일입니다. 그 선택의 결정에 영향을 가장 많이 미치는 요소는 무엇일까요? 바로 비교입니다. 비교를 통해 우리의 오감은 판단을 내리게 되고, 좋고 나쁨을 나누면서 어느 것을 택하게 됩니다.

그러면 한번 생각해보죠. 그 판단이 항상 옳았습니까? 혹은 그 순간에는 옳았다고 생각했는데 시간이 지난 후에 생각해보니 잘못된 판단이었다고 생각한 적은 없습니까? 그 순간의 어떤 생각이 그런 판단을 내리게 했고, 지금에 와서 잘못된 선택이라고 생각될 때 무엇이 잘못된 것일까요? 여러 이유가 있겠지만 ‘조건’이라는 것을 생각해볼 필요가 있습니다. 쉽게 얘기하면 ‘상황’으로 바꿀 수도 있을 것입니다. 상황이 변한 것입니다. 그것을 택할 때의 조건과 지금의 조건이 달라진 것입니다. 그에 따라 선택도 바뀌게 된 것이죠.

부처님께서 하신 “세상의 모든 것은 변한다”는 말씀은 우리를 둘러싸고 있는 ‘조건’과 ‘상황’은 머무름 없이 끊임없이 바뀐다는 뜻입니다.

그러면 이렇게 시시각각 달라지는 조건을 일일이 따라가면서 맞출 수 있을까요? 그 마음을 '욕망'이라는 말로 바꾸어보면 뜻은 더욱 명확해집니다. 탐욕이 고통인 이유가 바로 여기에 있습니다.

결국 채워지지 않는, 채울 수 없는 것을 채울 수 있다고 착각하는 마음. 찰나마다 변하는 조건이 항상 같을 거라고 생각하는 마음. 끊임없이 변화하는 사물 속에서 필요와 불필요, 좋고 나쁨을 따지는 것은 어리석은 일입니다.

부처님께서 말씀하시고 옛 조사들께서 쉼 없이 말씀하신 '공(空)의 이치'가 바로 이것입니다. 허공에 위와 아래가 있습니까? 좋습니까? 나쁩니까? 필요합니까? 불필요합니까? 허공에는 차별과 비교가 없습니다.

공의 이치가 책에서만 머무른다면 삶과 동떨어진 지식밖에 되지 않습니다. 부처님의 말씀이 사상과 철학으로 체계화되고 정립되는 것도 중요하지만 실제 우리 생활 속에 적용되고 해답을 주는 가르침이어야 합니다.

부처님의 말씀은 서재에서 집필된 것이 아니라 길에서 마을에서 고통의 현실, 바로 그 자리에서 울려 퍼진 생생한 현장의 소리입니다. 공의 이치는 우리가 나누고 분별하는 가운데 생기는 고통으로부터 우리를 지키고 치유하는 귀한 가르침입니다.

교만과 선택, 분별과 차별, 이 모든 병을 치료하는 좋은 약은
공(空)입니다. 공허한 메아리의 공이 아니라 삶 속의 공을 실천
하는 사람이 되었으면 하는 바람입니다.

네 할 일을 하라

갑자기 힘든 일이 닥치거나 위험한 일이 생겼을 때 여러분은 어떤 행동을 취하십니까? 일단 그 문제해결에 대해 생각하고, 왜 나에게 이런 일이 생겼을까 원망하면서도 먼저 급한 불부터 끄자는 심정으로 이것저것 많은 생각들을 할 것입니다. 어떤 행동을 취할지는 그때그때 상황에 따라 다를 것입니다. 또 각 개인의 성격이나 평소 생활 모습에 따라서 대처 방법도 다를 것입니다.

물론 이런 일이 생겨서는 안 되겠지만 하나의 가정을 해봅시다. 흉악한 도둑이 나에게 흉기를 들이대고 있습니다. 이런 순간에 어떻게 해야 할까요? 이 상황은 아주 극단적인 예입니다.

이와 똑같은 얘기를 보광 보살이 부처님께 여쭈어봅니다. "세존이시여! 만약 누가 내 목에 칼을 들이대고 위협한다면 저는 어떻게 처신해야 합니까?" 참으로 어려운 질문입니다. 어떻게 해야 할까요?

이와 똑같은 질문을 여러분에게 하겠습니다. 여러분은 어떻게 하라고 말씀하시겠습니까? 여러 대답이 나오겠지만 아마도 대답은 크게 다르지 않을 것입니다.

이와 같은 질문을 보광 보살이 부처님께 여쭈었을 때 부처님께서는 참으로 간단하게 한마디로 말씀하십니다.

"네 할 일을 하라."

참으로 간단명료한 말씀입니다. 정말 이 말씀 속에 모든 것이 포함되어 있습니다. 또한 많은 것을 생각하게 하는 말씀입니다. "네 할 일을 하라." 그렇다면 우리가 해야 할 일은 무엇일까요? 직접적인 그 문제의 해결일 수도 있고, 또한 그것과 무관하게 크고 넓게 보면서 우리가 온 길을 똑같이 묵묵하게 가는 일일 수도 있습니다. 수많은 대처 방법과 구구한 의견들이 나올 것입니다.

그러나 그것이 어떤 답이든 자신의 처지에서 자신을 중심에 놓고 하는 말일 것입니다. 이 대답을 하신 여러분도 자신의 경우에 비추어봐서 자신이 할 수 있는 일을 말했을 것입니다. 자신은 쉬워도 다른 사람은 어려운 일일 수 있고, 자신은 어려워도 다른 사람에게는 참으로 쉬운 해결 방법일 수 있습니다. 즉 어떤 해결 방법이든 자신에게 적용되는 것이지, 모두에게 공통으로 적용되기는 어려운 일일 것입니다. 그러나 '자신의 일' 을

소유할 수 없기에 소유할 수 있다는 어리석은 마음을 버리라는 것입니다. 정말
소유할 수 있다면 왜 부처님께서 버리라고 하셨겠습니까. 소유할 수 없음에도
소유할 수 있다고 생각하는 마음에서 고통과 괴로움이 생겨납니다.

하는 것, 그것은 각자에게 자신의 상황에 맞게 동시에 적용되는 말입니다.

우리는 살아가면서 많은 어려움과 문제에 봉착합니다. 어떻게 보면 삶 자체가 문제의 해결 과정이라고 말할 수 있을 만큼 매일 매일 크고 작은 일 속에 좌절하고 실패하고 해결하고 성공하며 살아갑니다. 그 속에서 우리는 자신을 잃어버립니다. 일에 몰두하고 문제에 매달리다 보면 문득 '내가 지금 무엇을 하고 있지', '어디에 있지' 라는 질문을 자신에게 던집니다. 그 순간 우리는 '진정 내가 할 일이 무엇인가' 라고 묻습니다. 그러나 그 해답은 그렇게 간단하게 떠오르지 않습니다. 명료하고 분명하지도 않습니다. 너무나 많은 문제가 있다고 생각하기 때문입니다.

지금 여러분 앞에는 '삶' 이라는 거대하고 골치 아픈 문제가 가로놓여 있습니다. 지금 이 순간 이 자리에서 과연 여러분이 해야 할 일은 무엇일까요? 부처님께선 위험의 순간 앞에서 '자신의 일' 을 하라고 하셨습니다. 그렇다면 지금 여러분이 해야 할 일은 무엇입니까?

큰 의문의 마음

'의문'과 '의심'은 우리가 일반적으로 많이 사용하는 단어입니다. 그렇다면 어떨 때 의문을 사용하고, 어느 경우에 의심을 사용할까요? 우리가 마음공부를 할 때 필요한 세 가지의 마음이 있습니다. 대신심(大信心), 대분심(大奮心), 대의심(大疑心)입니다.

이 말은 많이 들어보았을 겁니다. 큰 믿음의 마음을 내고, 크게 한곳에 집중하여 흐트러지지 않으며, 큰 의심을 품는 것입니다. 여기서 말할 내용은 대의심입니다. 의문과 의심은 언뜻 보면 같은 말인 듯싶지만 참으로 다른 의미이며, 우리가 공부를 하는 데 반드시 구별하고 넘어가야 할 문제입니다.

의심은 믿지 못하는 마음입니다. 우리가 누군가를 의심한다는 것은 믿지 못한다는 말입니다. '저 사람이 안 그랬다고 하지만 내가 보기에는 그랬을 것 같아', '아니라고 하지만 그럴 것

38

같아'. 이렇게 상대가 한 행동이나 말에 대해 믿지 못하는 마음을 의심이라고 합니다.

그렇다면 앞서 말한 마음공부의 세 가지 요소 중 대의심과 대신심은 반대의 뜻이 되고 서로 맞지 않는 말이 됩니다. 처음에는 크게 믿으라고 했다가 나중에는 크게 믿지 말라고 하니 앞뒤 말이 맞지 않습니다. 부처님의 가르침을 의심하라는 말일까요?

여기서 말하는 의심은 의문의 마음입니다. 여기에 커다란 차이가 있습니다. 의심은 마음속에 가지고 있는 것으로 끝나지만, 의문의 마음은 그 의심되는 것을 밖으로 드러내놓는 일입니다.

《금강경(金剛經)》이란 불경이 있습니다. 깊은 내용이 이해는 잘 안 될지 모르지만《금강경》은 부처님과 수보리의 대화입니다. 수보리는 끊임없이 부처님께 여쭤봅니다. 이것은 왜 그렇습니까? 이것은 어떻게 이해해야 합니까? 이것은 무엇입니까? 이것과 저것의 차이는 무엇입니까?《금강경》은 처음부터 끝까지 수보리의 질문에 대해 부처님께서 답을 해주시는 형식으로 채워져 있습니다.

그렇다면 수보리가 부처님을 의심해서, 부처님의 가르침을 믿지 못해서 질문했을까요? 아닙니다. 수보리는 의심을 한 것이 아니라 의문을 가진 것입니다. 마음속에 가지고 내 나름으로 재단하고 만들어서 불신하는 것이 아니라 큰 신심, 더욱 견고한 신심을 내기 위해 궁금하고 이해 안 되는 부분을 부처님께 여쭈었던 것입니다. 마음공부의 세 가지 마음 중에서 대의심은 우리가 말하는 의심이 아니라 바로 수보리와 같은 큰 신심을 갖기 위한 '큰 의문의 마음' 입니다.

여러분 마음속에는 큰 의문의 마음이 있습니까? 부처님의 가르침을 공부하면서 '이것이 정말일까' , '과연 그럴까' 라는 의심이 아니라 '이 의미는 무엇일까' , '이 문제를 어떻게 풀까' 라는 큰 의문의 마음을 내어본 적이 있습니까?

저는 여러분이 큰 의문의 마음을 갖기를 원합니다. 그것은 바로 큰 믿음, 즉 대신심으로 이어지기 때문입니다. 신심은 저절로 생겨나는 것이 아니라 의문을 갖고 묻고 노력하고 공부하는 가운데 생기는 것입니다. 의문 없이 생긴 신심은 뿌리가 약해서 작은 의심에도 흔들리고 꺾입니다.

여러분 모두 수보리처럼 부처님께서 귀찮으실 정도로 의문의 마음으로 여쭤야 합니다. 큰 의문을 내는 것, 그것이 바로 '큰 신심' 이기 때문입니다.

보살의 '장엄'

여러분은 '장엄(莊嚴)'이라는 말을 많이 들어보셨을 겁니다. 《금강경》에도 장엄이 포함된 구절이 많이 나옵니다. 장엄이라는 말은 쉽게 장식, 치장 정도로 풀이할 수 있습니다. "금은보화와 칠보로 장엄한다"라는 말은 금은보화와 칠보로 장식을 하여 아름답게 한다는 뜻입니다.

그렇다면 불보살님들은 무엇으로 장엄을 할까요? 금은보화나 진귀한 물건일까요? 희귀한 꽃과 신령스러운 향일까요? 아닙니다. 그것이 귀한 것임이 틀림없지만 불보살님을 장엄하기에는 많이 부족합니다.

그렇다면 불보살님들은 어떻게 장엄을 해야 할까요?《팔천송반야경》에 "보살의 장엄은 일체중생을 제도하여 무여열반(無餘涅槃)에 들게 하는 것이며, 그 마음조차 내지 않는 것이 보살의 장엄이다"라는 구절이 나옵니다. 보살의 장엄은 화려함이 아닌

일체중생의 제도입니다. 멋지게 꾸미고 현란한 아름다움으로 치장하는 일이 아니라 일체의 중생을 고통에서 구제하는 일이 장엄이라는 것입니다. 즉, 보살은 중생을 제도함으로써 아름다움과 향기를 지니게 되며, 그것이 곧 장엄입니다.

그렇습니다. 보살의 아름다움은 외모와 겉치장에 있는 것이 아니라 중생을 고통 속에서 구하고, 무여열반의 궁극적 목적지까지 함께 하는 마음만으로도 충분하며, 또한 중생을 제도했다는 그 마음까지 내지 않는 것이라고 했습니다. 즉 아름다움에도 향기로움에도 그것을 밖으로 드러내 자랑하지 않고 교만한 마음을 내지 않는 것, 이것이 '장엄' 이라는 말입니다.

참으로 아름다운 말입니다. 생각해보면 고통받는 중생을 제도하는 일만큼 아름다운 것이 있을까요? "보살의 장엄이 중생 구제에 있다"는 구절은 우리 모두 가슴 깊이 새겨야 할 아름다운 경구입니다.

여러분도 장엄을 하실 것입니다. 꾸미고 화장하고, 좋고 아름다운 옷으로 여러분의 모습을 치장할 것입니다. 그러한 행동에 장엄이라는 말을 쓸 수 있을까요? 어색하고 불편하게 느껴집니다. 우리가 꾸미고 장식하는 것은 스스로를 돋보이게 만들고, 멋지게 만들고 싶은 자신의 욕심에서 출발하기에 결코 보살의 장엄이 될 수 없습니다. 진정한 장엄은 자신의 마음속에서 자비의 마음을 내는 것이며, 힘들고 고단한 이웃을 향해 그 마음을

실천하는 것입니다. 또한 보살폈다는 마음조차 내지 않는 것입니다.

많은 사람들이 겉모습을 꾸미는 데 많은 돈과 시간을 투자합니다. 그러나 이것은 중생의 치장일 뿐 결코 보살의 장엄이 될 수 없습니다. 아름다움과 향기로움으로 가득한 장엄, 그것은 여러분이 마음을 내어 어려운 이웃을 향해 다가갈 때 이루어집니다. 우리 모두 보살의 장엄과 중생의 치장, 그 큰 차이를 깨달았으면 합니다.

참 보살행

 우리는 흔히 '보살'이라는 말을 자주 씁니다. 지금은 일반적으로 여성 불자들에게 보살이라는 호칭을 사용합니다. '보살'은 참으로 아름다운 말입니다.

보살에는 여러 뜻이 있지만 그중 하나는 삶 속에서 끝없는 깨달음의 길을 가기로 서원(誓願)하는 사람을 가리키는 말입니다. 그 깨달음의 추구는 결국 중생을 이익 되고 복 되게 하기 위함입니다. 보살이라는 단어를 일상적으로 사용하다 보니 보살이 갖는 위치와 서원의 넓고 깊음을 잠시 잊을 때도 있습니다.

보살은 여러 모습으로 나타납니다. 또한 조용하고 은밀하게 중생을 돕습니다. 자신만을 위하는 소극적인 수행보다는 행으로써 자신을 버리고 자신을 희생하는 구체적인 방법으로 중생에게 다가갑니다. 부처님께서도 이러한 과정을 거치셨고 그 후에 마침내 성불의 아름다운 결실을 맺으셨습니다. 우리가 쉽게

쓰는 '보살' 이라는 말속에는 내 자신을 희생하고 던져서 중생을 구하겠다는 이타(利他)의 숭고한 정신이 포함되어 있는 것입니다. 성불의 길에 반드시 거쳐야 하고, 부처님의 가르침을 세상에서 삶 속에서 적극적으로 실천하는 보살의 삶이야말로 대승불교의 정수이자 핵심입니다.

호칭만으로 본다면 참으로 많은 보살들이 계십니다. 한 절에도 아주 많은 사람들의 보살님이 계십니다. 각 가정에도 직장에도 사회에도 참으로 많은 보살들이 계십니다. 그러다 가만히 생각해봅니다. 한 분의 보살님만 계셔도 수많은 중생을 이롭게 하고 유익되게 하는데, 이토록 많은 보살님들이 계시는데 세상은 혼탁하고 어지럽고 고통받는 이웃들과 사람들은 점점 더 늘어나는 이유는 무엇일까요?

우리 스스로에게 물어보아야 합니다. 내가 진정 보살인가? 나는 지금 보살의 길을 가고 있는가? 보살도를 행하고 있는가? 성불의 길을 가기 위해 반드시 거쳐야 하는 보살의 길을 건너뛰고 오직 성불만을 목말라하며 그 빛나는 자리만을 바라보고 있지는 않는가? 우리 모두는 수행의 길 위에 서 있으며 그 길은 성불의 목적지에 다다르는 날까지 세세생생(世世生生) 끝나지 않을 여정입니다. 그 여정 속에서 우리의 목적과 삶의 원칙은 보살도의 실천이며 보살의 행을 실천하는 것입니다.

보살이라는 단어를 사용할 때는 숭고하고 정중해야 합니다.

성불의 길에 올라서 그 길을 함께 가는 도반이자 수행자이며 동료입니다. 보살이라는 말을 사용하면서 남을 험담하거나 괴롭히거나 두 가지 말로 화합을 깨뜨려서는 안 됩니다. 보살은 결코 그러한 행동을 하지 않습니다. 보살은 깨진 것을 모으고 아픈 상처를 치유해주며, 다툼이 있는 곳에서는 화해와 용서가 넘쳐나게 해야 합니다.

우리 보살님들이 이러한 구실을 해야 합니다. 호칭에 걸맞은 보살행을 실천해야 합니다. 아프고 가난한 사람과 나누고 함께하고, 서로 날이 선 목소리로 다투다가도 보살님들이 그 자리에 함께하면 어느새 화기애애해지고 서로에게 사과하는 그런 보살다운 보살이 되어야 합니다.

경제난으로 여러 곳에서 참으로 가슴 아픈 사연들이 들려옵니다. 차마 있어서는 안 되는 참담한 일도 벌어집니다. 가까운 곳에서 우리 곁에 있는 보살로서, 성불을 향해가는 숭고한 보살로서 보살도의 실천이 무엇보다 필요한 시대입니다.

행복해지는 방법

문제를 하나 내겠습니다. 마음속에는 아주 강력한 힘이 있습니다. 이 힘은 어찌나 강한지 웬만한 고통이나 장애에도 꿈쩍하지 않고 세워놓은 목표를 향해 꿋꿋이 갑니다. 또 이 힘은 특별한 몇몇 사람이 가진 것이 아니라 세상 사람 모두 가지고 있습니다. 피부색이나 국적에 상관없이 공통적으로 가지고 있습니다. 이 힘은 무엇일까요?

그것은 바로 스스로 '행복' 해지려고 하는 힘입니다. '행복해지려고 하는 힘', 이 힘이야말로 참으로 강하고, 엄청난 고난을 견디게 만드는 에너지입니다. '무엇이 행복이냐' 고 묻는다면 여러 대답이 나올 겁니다. 간단하게 답한다면 고통이 없는 상태, 이렇게 답하면 어떨까요. 각자 다른 생각을 갖고 있겠지만 크게 어긋나지 않는 대답일 겁니다. 우리 삶에서 고통을 해결하고 나면 행복을 따로 찾을 필요 없이 그 자체가 행복이 될 것이

니까요.

부처님의 말씀 중에 '사성제(四聖諦)'가 있습니다. 고통을 여의는 방법을 설하신 것입니다. '고(苦)·집(集)·멸(滅)·도(道)'의 사성제입니다. 사성제를 바꾸어 말하면 우리가 '행복해지는 방법'을 부처님께서 말씀해주신 것이라 생각합니다. 그 속에 우리가 행복해지는 방법이 담겨 있습니다. 우리가 그토록 원하는 행복에 다다르는 자세한 길이 나와 있습니다.

그러나 묘하게도 행복해지고자 하는 마음은 있으면서 생각과 행동은 정반대의 길로 갑니다. 행복을 원하면서도 정작 그것에 이르는 가장 바르고 훌륭한 방법에는 관심을 두지 않습니다. 엉뚱한 것에 마음을 빼앗긴 채 행복인 양 좇아갑니다. 그러다 돌이킬 수 없는 상황이 되었을 때 아니라는 사실을 알게 됩니다. 생로병사의 근원적인 고통을 해결할 수 없고, 행복이라 생각했던 것이 더 큰 고통이 되어 되돌아오는 것을 보게 됩니다.

무엇이 문제일까요? 세상에는 우리의 눈을 현혹하는 많은 것들이 있습니다. 겉모습은 화려하고 분명 행복을 보장하는 것처럼 보이지만, 실제로 그것은 또 다른 고통의 모습인 경우가 많습니다.

사람들은 행복해지려고 많은 노력을 합니다. 눈물겨운 노력입니다. 그러나 노력만으로는 안 됩니다. 바로 정한 목표가 있어야 합니다. 바다에 떠 있는 배가 나침반도, 항해 지도도 없이 무작정 열심히 노를 저었다고, 쉼 없이 노를 저었다고 원하는 목적지에 도달할 수 있을까요? 행복해지려 애쓰지만 우리의 지혜로는, 우리의 중생심으로는 그 길을 바르게 찾아갈 수 없습니다. 길을 밝혀주고 우리를 이끄는 길잡이가 바로 '부처님의 말씀' 입니다. 우리가 부처님의 말씀과 가르침에 의지하지 않고 길을 나선다면 참으로 모진 시련과 고난으로 인해 길을 잃게 될 것입니다.

문제는 좋은 가르침이 있고 방법이 있는데도 글로만 이해할 뿐 실천하려 하지 않는 데 있습니다. 그러면서도 끝없이 부처님께 복을 구합니다. 참으로 이상하지 않습니까. 부처님께서는 모두 행복해지고 고통에서 해방되는 참다운 길을 말씀하셨는데, 그 가르침을 따르지 않으면서 부처님께 행복을 구하니 말입니다.

여러분 모두 행복해지기를 원하십니까? 그렇다면 답은 나와 있습니다. 부처님의 가르침을 행하십시오. 머리와 눈이 아닌, 가슴과 참회의 마음으로 가르침을 행하십시오. 그것이 여러분 모두가 행복해지는 참다운 길입니다.

사랑과 자비

'사랑과 자비'의 개념에 대한 질문을 받은 적이 있습니다. '사랑과 자비는 어떤 점이 다른가'라는 문제였습니다. 언뜻 보면 베풀고 격려하며 희생한다는 점에서 별반 차이가 없어 보입니다.

불교는 자비라는 말을 사용합니다. 사랑과 자비라는 말을 분명하게 구별 짓습니다. 불자님들도 발원문이나 축원문을 읽을 때 자비라는 말을 사용합니다. 사랑이라는 말은 자주 사용하지만, 자비라는 말은 불교적 용어로 굳어져 일상에서 사랑만큼 많이 회자되진 않습니다.

이런 말이 있습니다. 낱말의 뜻을 명확히 하려면 그 어휘의 반대말을 생각해보라. 여러분은 사랑의 반대말에 대해 질문 받으면 큰 고민 없이 '미움'이나 '증오'라고 답할 것입니다. 그렇다면 자비의 반대말은 무엇일까요? '미움'이나 '증오'로는 다소

어색하고, 사랑의 반대말만큼 적절하지 않습니다. 이것은 아주 중요한 문제입니다. 이 말속에 담긴 깊은 뜻을 아서야 합니다.

주위에서 깊고 지순한 사랑이 배신과 배반으로 얼룩져 나중에는 그 사랑의 깊이만큼 증오로 이어지고 복수로 이어지는 일을 봅니다. 사랑했던 감정은 어디로 가고 마음속에 '미움'이 자리 잡았을까요? 어디서 그 마음이 나왔을까요? 그렇게 사랑하다가도 세월이 지나면 무감해지고 지루해지는 마음……. '사랑'은 어디로 갔을까요?

여러분은 어디서 그 마음이 나왔다고 생각하십니까? 어디로 갔다고 생각하십니까? '미움'의 마음은 바로 '사랑'으로부터 나왔습니다. 그렇게 아름답고 모든 것을 이해하고 용서할 것같이 보였던 사랑으로부터 무시무시한 증오와 미움이 생겨난 것입니다. 이것을 어떻게 이해해야 할까요? 좋았던 감정이 사라지고 난 뒤 남는 극단적인 증오, 혹은 허탈감, 쓸쓸함, 무관심…….

우리가 지혜의 눈으로 사랑을 좀 더 살핀다면 그 안에 이 모든 것이 포함되어 있다는 사실을 알 수 있습니다. 어디서 새롭게 나타난 것이 아니라 사랑 속에 그러한 씨앗들이 배태되어 있었던 것입니다. 이것이 바로 일반적인 사랑의 모습입니다. 사바 세계에서 벌어지는 대부분 사랑의 모습입니다. 사랑은 얇은 외피를 두르고 불안하게 구르는 바퀴 같은 것입니다.

그렇다면 자비는 어떤 것일까요? 자비는 반대어가 없습니다. 앞뒷면이 없습니다. 우리가 '자비로운 부처님, 관세음보살님'이라고 부르는 '자비'라는 말속에서는 이미 욕망과 칠정오욕(七情汚辱)의 번뇌로부터 벗어난, 그 텅 빔 속에서 비롯되는 본래심(本來心)을 보게 됩니다. 그렇기에 우리는 자비로운 부처님이라고 부르며 의지하고 귀의하는 것입니다.

자비는 좋은 마음을 먹고 모든 것을 불쌍히 여기는 마음도 포함되지만, 더 근본적이며 중요한 것은 수행과 기도를 통해 나의 마음자리와 세상에 이어진 인연법의 이치를 체득하고, 번뇌의 불길이 모두 타 사그라졌을 때 비로소 생겨나는 것입니다.

사바세계의 중생이 진정 목말라하는 것은 '미움'과 '증오'의 반대어로서의 일반적인 사랑이 아니라 어떤 반대어도 없는 그 자체로 온전한 '자비'라는 광명체입니다. 차고 넘치는 사랑이라는 말이 아니라, 돌아서면 참혹한 '미움'으로 변하는 불안한 사랑이 아니라, 한결같아서 따로 마음을 낼 필요도 이유도 없는 자비라는 것입니다.

바로 우리가 귀의하고 의지하는 부처님이 바로 자비의 화신이며 자비의 본체입니다. 자비가 세속적 사랑과 다른 것은 바로 이러한 이유 때문입니다.

여러분 모두가 그 자체로 온전히 나를 비우는 텅 빔 속에서 욕망과 감정에 물들지 않는 자비의 실천자가 되기를 바랍니다.

'니꼴라삐따' 이야기

남방 경전에 보면 '니꼴라삐따' 란 이름을 가진 장자의 이야기가 나옵니다. 니꼴라삐따 품에 실린 부처님과 장자의 이야기입니다.

니꼴라삐따는 아주 돈이 많고 아쉬울 것 없는 사람이었습니다. 그러나 그도 세월의 흐름은 어찌하지 못해 쇠약해지고 노쇠해져 끝내 병에 시달리게 되었습니다.

그래서 니꼴라삐따는 길을 떠나 자신의 이러한 고통을 해결해줄 사람들을 찾기 시작했습니다. 당시 인도에는 수많은 수행자들이 각자의 주장을 내세우며 사람들에게 설파하는 시기였습니다. 그는 여러 곳을 다니며 그들의 말을 들었지만 모두 허무맹랑한 소리뿐이었고 실망으로 병은 더욱 깊어졌습니다. 어떻게 하면 젊어질 수 있을까? 어떻게 하면 청년 시절로 돌아갈 수 있을까? 니꼴라삐따의 머릿속에는 오직 이 생각뿐이었습니다.

그때 장자는 사리불(사리푸트라) 존자를 보게 됩니다. 사리불 존자의 설법이 끝난 후에 그에게 다가갑니다. "당신의 말을 듣고 희망을 갖게 되었다. 어째서 당신의 얼굴은 그토록 편안하고 안정되어 있는가. 그 방법을 알고 싶다. 나에게 말해줄 수 있는가?" 이렇게 해서 니꼴라삐따는 부처님에게로 인도됩니다.

장자는 부처님에게 묻습니다. "어떻게 하면 젊어질 수 있습니까. 과거의 건강했던 시절로 돌아가고 싶습니다. 지금 나의 몸은 병들었고 걷기조차 힘들 만큼 쇠약해졌습니다. 많은 재산과 보물도 나의 이러한 고통을 해결해주지 못합니다. 방법을 일러주십시오."

부처님께서는 그 말을 들으시고 한동안 측은하게 바라보다가 말씀하십니다. "니꼴라삐따여! 나는 너의 고통을 해결해줄 수 없다. 내가 어떻게 너를 젊은 시절로 되돌릴 수 있겠느냐. 나이 들어 쇠약해진 몸을 어떻게 젊음의 힘으로 다시 채울 수 있겠느냐. 나는 그렇게 할 수 없고 하지도 못한다." 이 말을 듣고 니꼴라삐따는 실망합니다.

이어 부처님께서 말씀하십니다.

"그러나 니꼴라삐따여! 내 말을 잘 들어라. 세월과 시간이 너의 몸을 침범하여 너를 늙게 하고 쇠약하게 하였으되 그 세월과 병고가 너의 마음을 침범하지 못하게 하라. 네가 고통스러운 것은 몸이 병들어서가 아니라 그 병이 너의 마음을 범하였기 때문이니. 다만 나는 너의 마음에 병과 세월이 범하지 못할 가르침을 주겠노라."

이 말씀을 듣고 니꼴라삐따는 커다란 깨달음을 얻게 됩니다. 부처님의 발밑에 엎드려 감동의 눈물을 흘리며 말합니다. "여태껏 나를 만난 사람들은 영생을 가르쳐주겠다, 영원히 늙지 않는 방법을 가르쳐주겠다, 모두 이런 말뿐이었습니다. 당신께서 하신 말씀 덕분에 제 마음의 고통이 사라졌나이다. 이제 알았나이다. 나를 고통스럽게 한 것은 노쇠와 병이 몸을 범해서가 아니라 나의 마음에 세월과 병이 침범하였기 때문입니다." 순간 니꼴라삐따의 고통스러운 얼굴은 환희로 밝은 빛으로 바뀝니다.

분명 달라진 사실은 아무것도 없습니다. 장자의 젊음은 돌아오지 않았고 병도 회복되지 않았습니다. 그러나 그는 아무런 동요와 고통이 없는 행복의 상태로 돌아갔습니다.

그렇습니다. 우리는 세월이 주는 노화와 병을 피해갈 수 없습니다. 조금 더디게는 할 수 있겠지만 결국은 다가옵니다. 중요한 사실은 세월과 병이 몸은 범했으되, 마음은 범하지 못하게 하는 것입니다. 젊고 건강한 사람일지라도 마음에 병이 침범하면 고통스럽습니다. 우리는 주위에서 젊고 건강한 사람들이 목숨을 끊고 자포자기하는 삶을 살아가는 모습을 봅니다. 젊음과 건강은 갖추었으되 그 마음에 심각한 병을 갖고 있는 것입니다.

부처님께서는 이러한 고통과 병으로부터 우리를 구제할 좋은 약을 가지고 처방하는 의황이십니다.

　장자의 고통은 병이 마음에 있는데도, 몸에 있다고 생각한 어리석음에서 비롯되었습니다. 여러분 다시 한 번 살펴봅시다. 지금 나의 고통이 나로부터 비롯된 것이 아닌가? 그럼에도 나는 해답을 타인과 밖에서 구하고 있지 않는가?

이 땅에 부처님께서 오신 뜻

부처님께서 오셨습니다.

중생의 미혹함과 어리석음을 깨우쳐 우리가 보고 만지고 소유하고 영원할 거라고 생각하는 모든 것들이 고통이며 환상임을 일깨우려 부처님께서 오셨습니다.

'삼계개고 아당안지(三界皆苦 我當安之).'

삼계의 고통을 내가 마땅히 편안케 하리라.

이것이 부처님께서 읊으신 탄생게(誕生偈)입니다.

그렇습니다. 우리 삶의 고통을 걷어내고자 부처님께서 오신 것입니다.

삼독(三毒)과 번뇌에 신음하고, 내 것이라 생각하는 것 모두가 내 것이 아님을 일깨우려 부처님께서 오셨습니다. 2500여 년 전 부러울 것 없었던 왕자의 신분으로 기꺼이 가장 낮은 곳으로, 가장 험한 곳으로 스스로를 낮추시고 온갖 고행을 통해 중생의 고통이, 우리의 고통이 어디에서 연유하며, '그것을 어떻게 해결할 수 있는가' 라는 명쾌한 해답을 가지고 부처님께서 오신 것입니다.

부처님께서 오신 것은 바로 '진리 법신' 그 자체의 모습이며, 그것의 의미입니다. 우리는 지혜로운 눈으로 보아야 합니다. 부처님께서 가지고 오신, 부처님께서 펼쳐 보이시는 진리의 가르침을 배우고 익히는 신심의 마음으로 부처님을 맞아야 합니다.

오신 분을 맞는 것은 당연하고도 거룩한 일입니다. 그러나 우리가 잊지 않고 지녀야 하는 것은 그분을 맞는 우리의 마음가짐입니다. 기쁘고 즐겁게 우러르되, 부처님의 가르침을 행하고 받드는 불자로서 스스로의 몸가짐에 어색함과 욕됨이 없었는가를 반성해봐야 합니다.

부처님께서 오셨습니다. 우리의 고통을 해결하고 편안케 할 크나큰 '보배의 진리' 를 지니시고 오셨습니다.

즐겁고 기쁜 마음과 더불어 그분께서 보이시고 가르쳐주신 진리의 가르침을 새기고 실천하겠다는 발심(發心)을 다시 한 번 되새기는 뜻 깊은 날이 되었으면 합니다.

나무석가모니불!
나무석가모니불!
나무시아본사 석가모니불!

한 호흡 마시고 뱉는 순간순간이 삶이고 죽음입니다. 우리는 늘
생사의 순간순간을 체험하며 살아갑니다. 그러나 삶만을 생각할 뿐 떠나는 것은
생각지 않습니다. '호'와 '흡'이 '생'과 '사'임에도 생만을 생각합니다.

자연과 함께하는 삶

얼마 전 한 분이 찾아오셨습니다. 이런저런 말을 나누다가 경주에 살게 돼서 좋은 점과 불편한 점을 말하게 되었습니다.

조용하고 깨끗하며 문화유적이 많아 좋지만, 대도시보다는 문화적 혜택을 누리기가 힘들다는 말을 했습니다. 연극이나 음악회 등 공연을 접하기가 힘들다는 것이었습니다. 그래서인지 점점 퇴보하는 느낌이 든다고 했습니다.

그러다 문득 생각해보았습니다. 무엇 때문에 연극이나 음악회를 관람할까? 시간과 돈을 투자해서 반드시 얻는 것이 있기 때문일 것입니다. 그것은 아마도 정서상의 풍부함과 교양이 아닐까 생각해보았습니다. 우리가 느끼는 행복감의 한 부분이기도 할 것입니다.

연극과 음악회가 주는 감동은 참으로 아름다운 것입니다. 삶의 의미와 깊은 성찰 등 많은 것을 줍니다.

그러다 생각해보았습니다. 그토록 많은 문화적 기회와 혜택
이 주어지는 대도시에서 항상 문제가 되는 각박함과 메마름, 자
기중심주의, 점점 심해져가는 갈등구조 등의 치유와 해소를 담
당해야 할 정신적 자양분으로서의 정서.

그러면서 이런 생각이 들었습니다. 결국 그 모든 예술과 문화
가 태어난 원천은 자연이 아닌가 하고 말입니다. 단순한 지적
허영이 아니라면 자연으로부터 얻는 영감과 정서가 대도시에서
의 공연 감상 후 느끼는 감동과 별반 차이가 없을 거라는 생각
을 했습니다.

중요한 사실은 자연으로부터 배우고 느끼는 그 감동의 순간
순간을 우리가 느끼지 못하고 알아채지 못한다는 사실입니다.
문화적 기회가 주어지지 않는 것이 아니라 내 곁에 오는 감동의
물결을 편견과 한 가지 생각으로 고정화했기에 받아들이지 못
하는 것입니다.

그분에게 이런 말을 해주었습니다. 당장 눈에 보이고 체감하
지 못하는 것일지라도 자연에서의 삶이 당신에게 큰 의미를 줄
것입니다.

개구리 울음소리, 반딧불의 반짝거림, 신록 사이로 보이는 햇
살의 경이로움, 이 모두가 감동이 아니라면 무엇이 감동이겠습
니까? 매일 매일 반복되는 지루한 생활이라고 말하지만 가만히

지켜보면 반복되는 일은 아무것도 없습니다. 어제와 같은 날은 하루도 없습니다. 다만 우리의 어리석음이 그 변화와 경이로움의 순간을 알지 못하고 지나칠 뿐입니다.

조금 확대해서 생각해보면 우리 주위에는 감동과 삶의 의미를 깨우쳐주는 많은 일들이 일어나고 있으며, 우리는 정말 인간으로서 많은 혜택을 누리고 있습니다.

조금 더 세심하게 살펴봅시다. 순간순간 감동의 연극이 공연되고 있으며, 시시때때 웅장한 교향곡과 아름다운 노래가 들리고 있습니다. 그 감동의 순간을 놓치지 않기를 바랍니다.

금욕과 탐욕

불교에는 욕심에 대한 가르침이 많습니다. 욕망에 대한 절제와 탐욕에 대한 경계입니다. 그렇다면 어디부터가 탐욕이며 어디서부터가 금욕일까요? 이것을 구분 짓기는 힘듭니다. 개인의 여건이나 환경 및 상황에 따라 기준이 달라지기 때문입니다.

부처님께서는 무조건적인 금욕이나 탐욕 모두 경계하셨습니다. 모두 한편에 치우쳐 상을 만들기 때문입니다. 부처님께서 말씀하신 가르침은 '중도' 입니다. 어느 쪽에도 치우치지 않는 상태를 말합니다.

세속에서의 생활은 많은 욕심과 결핍으로 불행을 느끼기도 하고, 찰나의 기쁨으로 호들갑을 떨기도 합니다. 그것은 탐욕 뒤에는 반드시 만족할 줄 모르는 부족과 결핍이라는 두 마리의 마군이 뒤따르기 때문입니다.

욕심 없이 살 수는 없습니다. 이것은 내가 살아가고, 사랑하는 가족의 삶을 지키기 위한 버팀목이자 최소한의 방어막이기 때문입니다. 그러나 욕심이 지나치면 오히려 자신을 지탱하는 버팀목이 아니라 자신을 허물고 망가뜨리는 독이 됩니다. 자신과 가족들을 위협하는 악이 됩니다.

욕심 없이 살 수는 없지만 욕심을 가지고도 행복하게 살 수 있습니다. 그것은 중도와 더불어 작은 것에 만족할 줄 아는 마음가짐입니다. 작은 욕심에도 족한 것을 알고 겸허하게 대하는 마음 자세입니다. 부처님께서 말씀하신 대로 현악기의 줄은 너무 팽팽하게 당겨서도 안 되고 너무 느슨하게 풀어도 소리가 나지 않습니다. 아름답고 조화로운 소리를 내기 위해서는 팽팽하지도 느슨하지도 않는 적당한 줄의 당김이 있어야 합니다.

우리가 살아가는 것도 이와 같습니다. 무조건적인 금욕이나 절제되지 않은 무분별한 탐욕 모두 우리에게 마음의 평화와 행복을 가져다주지 않습니다. 작은 것에 만족하고 그 안에서 행복과 평화를 찾아가는 생활! 고른 줄과 여유로운 현의 조율이 아름다운 선율을 만들어내듯 여러분 모두의 삶이 그렇게 아름답고 잔잔하게 흐르는 선율이 되었으면 합니다.

생사와 고통의 문제를
해결하기 위한 '부처님 공부'

삶을 영위하기 위해서는 물질적 조건이 필요합니다. 우리는 그 조건들을 충족시키기 위해 부단히 노력합니다. 아침부터 저녁까지 쉴 새 없이 힘들게 일하고 고민합니다.

그것은 생명체로서 생명을 지속시키기 위한 본능이고, 행복한 삶을 누리고자 하는 우리의 기본적 욕구입니다.

그렇다면 우리 한번 생각해봅시다. 하루하루의 삶에 최선을 다하고 물질적 조건의 안정된 토대를 위해 열심히 사는데 마음자리와 생사의 문제를 해결하려는 노력, 즉 불법(佛法)을 공부하는 데는 얼마만한 시간을 쏟는가 하고 말입니다.

행복한 삶의 길에는 어느 정도의 물질적 조건도 필요하지만 분에 넘치는 부나 욕심은 오히려 방해가 됩니다. 그러한 사실을 잊은 채 앞만 향해 달려가다 보면 종국에는 허망한 그림자만 좇는 형국이 되어버립니다.

현준
국유치원
☎ 211-0003
김 정
동국유치
☎ 211-000

그것을 부처님께서 보여주셨습니다. 아무런 부족함이 없었던 붓다께서 그토록 고뇌하고 절망하였던 이유는 무엇 때문이었을까요? 부와 명예, 권력 어느 하나 부족함이 없었지만 붓다께서는 늘 번민하셨습니다.

바로 그것은 부와 명예, 권력으로는 궁극의 행복을 보장할 수 없다는 자각 때문이었습니다. 생사와 고통의 근원적 해결 없는 이러한 것들은 금방 사라질 신기루임을 아셨기 때문입니다.

불교는 공부하고 실천하기가 참으로 어렵다고 말씀하십니다. 맞습니다. 결코 쉬운 공부가 아닙니다. 쉬운 공부가 되어서도 안 됩니다.

탁월하셨던 붓다께서도 전생의 시간과 생명을 건 수행 끝에 얻은 깨달음의 진리를 우리같이 어리석고 부박(浮薄)한 중생이 힘듦 없이 얻을 수 있다고 생각하는 것 자체가 잘못입니다.

여러분은 열심히 살아갑니다. 가정이나 직장에서 가족의 구성원을 돌보고 챙기며 의무와 책임을 다하며 성실하게 살아갑니다. 그것은 참으로 아름답고 중요한 일입니다.

거기서 한발만 더 나아가 귀중한 시간에 궁극의 행복과 고통의 근원적 해결을 위한 자기수행의 시간, 행복의 조건을 마련하는 나의 시간, 우리의 시간을 좀 더 가져보기를 권합니다. 우리가 지키기 위해 애쓰는 재산과 명예와 더불어 더 중요하고 소중한 생사와 고통의 문제, 그것을 해결하기 위한 수행과 공부에 조금 더 시간을 나누어봅시다.

　끝을 바라보고 지금을 준비하는 사람은 지혜로운 사람입니다. 종국의 허망한 그림자에 속지 말고 밝은 눈과 건강한 삶을 갖춘 지금이 바로 그 끝을 위해 공부할 때입니다. 여러분이 삶을 위해 애쓰는 열정의 한 부분을 부처님의 가르침을 공부하는 데 쏟았으면 하는 바람을 가져봅니다.

악인은 누구이고,
선인은 누구인가

우리는 선한 사람과 악한 사람을 구별합니다. 누구나 선을 추구하고 악을 멀리하려 합니다. 악한 일을 행한 사람은 지탄받고, 심한 경우엔 사회적 구속을 당하고 그에 따른 처벌을 받게 됩니다.

어린 시절부터 착한 사람이 되라고 많은 교육을 받고, 또 그래야 된다고 배웠습니다. 악한 사람은 비난의 대상이 되고 세상으로부터 격리되는 고통을 감수해야 하니까요.

그렇다면 악한 사람은 어떤 사람일까요? 악한 사람은 악한 일, 즉 나쁜 일을 행하는 사람입니다. 그렇다면 그 사람은 왜 악한 일을 행할까요? 모두가 싫어하고 비난하는 일을 왜 하는 걸까요?

여러분은 어떻게 생각하십니까? 욕을 먹기 위해서? 감옥에 가고 싶어서? 그럴 사람은 없을 겁니다. 아무리 나쁜 짓을 하는 사람도 감옥에 가고 싶어 하는 사람은 없습니다. 그렇다면 왜 그럴까요? 그 사람이 악한 일을 하는 이유는 행복해지기 위해서입니다. 더 정확히 말하면 악한 일로 무엇을 이루고도 행복해질 수 있다고 믿기 때문입니다.

부처님의 눈으로 보면 그들도 행복해지려고 애쓰는 가여운 중생일 뿐입니다. 다른 점이 있다면 선함 속에서 행복을 구하는 것이 아니라 자신의 이익을 위해 즉, 행복해지기 위해 다른 사람의 행복과 삶을 망가뜨려도 된다는 생각을 한다는 것입니다.

이 문제를 잘 생각해보면 우리가 '선하다', '악하다' 라는 기준을 정함에, 또는 문제를 해결하는 데 열쇠가 되는 중요한 부분을 발견할 수 있습니다. 어떤 것이 이토록 정반대의 선과 악을 결정지을까요? 그것은 바로 '어리석음' 입니다. 탐(貪)·진(瞋)·치(癡)의 삼독(三毒) 가운데 치, 즉 어리석음입니다. 바로 어리석음이 나쁜 일을 통해서도 행복해질 수 있다고 믿게 하는 것입니다. 그 결과의 참담함과 후회를 못 보게 만드는 것입니다. 어리석음이 눈을 막아버린 것입니다.

부처님의 가르침을 배우고 실천하는 사람이라면 악인을 대할 때 그 사람의 근본을 의심하는 것이 아니라 그 눈과 귀를 막고 있는 어리석음을 보아야 합니다. 또한 그 어리석음이 제거되고 지혜의 눈을 갖게 되면 언제나 선인이 될 수 있다는 가능성을 함께 보아야 합니다.

현재만 있을 뿐 따로 정해놓은 과거와 미래는 다른 이름으로 불렸던 현재이고
다른 이름으로 불릴 현재입니다. 결국 지금 서 있는 이 자리,
현재의 자리에서 과거도 미래도 생각할 수 있기 때문입니다.

또한 우리도 지혜를 기르고 닦는 수행을 게을리 하면 언제나 어리석음에 빠져 나쁜 일을 저지를 수 있다는 생각을 가져야 합니다.

바로 선과 악을 가르는 것은 '지혜와 어리석음' 입니다. 부처님께서 그토록 지혜에 대한 말씀을 많이 하시고 항상 이르셨던 까닭이 여기에 있습니다. 어리석은 사람은 어디로 가는지, 무엇을 하는지 알지 못합니다. 그때의 자신만을 볼 뿐입니다. 결국 그 길이 파멸로 이끄는 줄 알지 못합니다. 그 끝에 이르러서야 비로소 깨닫게 됩니다. 바로 후회입니다.

후회 없는 삶을 살고 싶습니까? 그렇다면 어리석음을 멀리하고 지혜를 닦으십시오. 기도와 수행, 그것이 지혜에 이르는 길입니다. 또한 나쁜 일을 저지른 사람을 대할 때 저들도 우리와 똑같이 행복해지려고 애쓰는 중생이라는 생각을 갖고 어리석음에서 벗어날 수 있도록 도와주고 격려해주십시오.

이것이 부처님의 가르침을 실천하는 진정한 모습입니다. 비난과 따돌림보다는 지혜의 길을 제시해주는 것, 이것이 아름다운 모습입니다.

내 마음의 조작

 "산하대지(山河大地)와 사생고락(死生苦樂)이 내 마음의 조작이오."

이 노래는 원효 스님의 '인과의 노래'에 나오는 한 구절입니다.

내 마음의 조작은 항상(恒常) 됨 없이 계절과 시간에 따라 각양각색의 모습으로 나타납니다. 그 마음의 형상은 머무름도 쉼도 없는데, 우리는 고정된 생각으로 항상 된다라고 생각합니다.

어두운 골방에 창호지 사이로 들어온 햇살 속에 문득 틈 없이 움직이는 먼지를 본 적이 있습니다. 햇빛이 들어오기 전 그곳엔 아무것도 없는 듯 보였습니다. 어둠 속에서는 큰 물건의 형체만 보일 뿐 작은 입자의 먼지는 눈에 보이지 않으니까요.

그러다 햇빛을 통하여 이 공간에는 무수히 많은 먼지가 움직이고 있다는 사실을 알게 됩니다. 우리의 마음도 이와 같습니다.

바쁘게 움직일 땐 알아차리지 못합니다. 내 마음의 조작이 얼마나 많은 허상들을 만들고 부수고 있는지를 알지 못합니다. 그러다 잠시 한 생각 멈추고 마음을 들여다보면 잠시도 쉼 없이 움직이는 자신의 마음을 보게 됩니다.

그 한 생각 멈추는 것은 골방에 한 줄기 햇살이 들어와 공간을 비추는 일과 같습니다. 그때 비로소 알게 됩니다. 몸에 대한 휴식에 앞서 마음에 대한 멈춤도 필요하다는 사실을 깨닫게 됩니다.

분잡한 마음을 한 생각 멈추고 관하여 보면 원효 스님의 '산하대지와 사생고락이 내 마음의 조작' 이라 하신 말씀은 기쁨, 슬픔, 괴로움과 고통도 고정되고 정형화된 것이 아니라 내 마음이 만든 허상이라는 것입니다.

한 생각 멈춤의 미학, 그 속에 실체와 허상을 바로 보는 지혜의 눈이 있고 허상에 사역당하지 않는 참다운 나의 주인이 있습니다. '인과의 노래' 는 이렇게 끝을 맺고 있습니다.

"세상에 박복(薄福)한 이 누구를 두고 이름인가/ 불법을 모르는 이 그를 두고 이름이라."

거룩한 성도재일*

'성도재일'은 부처님께서 깨달음을 성취하신 거룩한 날입니다. 고타마 싯다르타로서 이 땅에 오셔서 '붓다'라는 거룩한 이름으로 불리게 된 날입니다. 세속의 즐거움과 지위를 버리고 스스로 고난의 길을 택하셨고, 그 길 끝에 오욕칠정에 물들지 않는 청정세계와 생로병사를 여윈 진정한 행복의 길이 있음을 우리에게 열어 보이신 날입니다.

그 옛날 2500여 년 전의 깨달음이 지금 우리에게 주는 참 의미를 되새겨보아야 하는 날입니다. 그것은 부처님 한 분의 깨달음이 아니라 우리 모두 그 가능성과 불성(佛性)의 씨를 갖고 있다는 우레와 같은 선언이며, 나아가 고통에 신음하는 중생을 향한 희망의 메시지이기 때문입니다.

깨달음의 과정은 참으로 고통스러운 번민의 길이었습니다. 많은 스승과 여러 수행법을 제시하는 사람 속에서 태자 싯다르

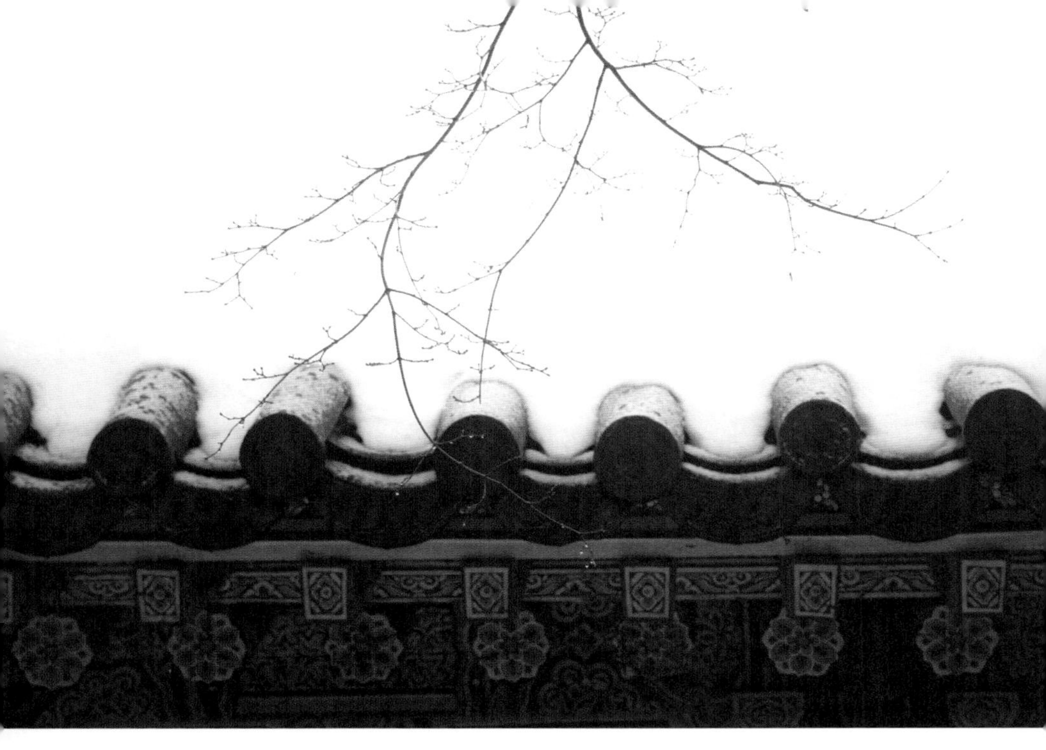

타는 번민했고 방황했습니다. 어느 것도 싯다르타가 가진 근본
적 괴로움의 해결책을 제시하지 못했기 때문입니다. 그것은 바
로 생로병사에 대한 고통의 해결이었습니다.

"당신은 고행의 결과 몸이 여위게 되어 살아남기 어렵다. 생
명이 있어야 여러 가지 선행도 가능하다. 고행에 열중한다고 무
슨 성과가 있겠는가? 정진의 길은 멀고도 험하다."

이러한 유혹에 대하여 싯다르타는 이렇게 대답합니다.

"내게는 믿음이 있고 정진이 있고 지혜가 있다. 신체의 살이
빠질 때 마음은 더욱더 맑게 개고, 생각과 지혜의 명상이 더욱

더 굳어진다. 마음은 갖가지 욕망을 돌보지 않는다. 보라, 이 심신의 깨끗함을……."

극한의 고통 속에서 지혜의 눈부심과 욕망의 사그라짐을 부처님은 보았던 것입니다.

깨달음을 이루신 날을 기념하고 예경하는 일은 형식과 행사의 단순한 행위를 넘어 스스로 그 깨달음에 다가가고자 하는 열과 성의 다짐이어야 하며, 명징한 길을 가르쳐주시고 몸소 그 길이 옳고 바른 길임을 증명해 보이신 부처님을 믿고 따르는 것입니다.

부처님의 성도는 과거형일 수 없으며, 부처님 한 분에 머무르는 불가능의 깨달음이 아닙니다. 현재진행형이며 미래에도 계속될 우리 모두의 보편적 본보기이며 가르침입니다.

부처님의 성도일을 맞아, 인간 고타마 싯다르타가 거룩한 붓다가 된 날을 맞아 우리 스스로도 혼침(昏沈)에 든 지금의 나를 깨우고, 깨어 있는 새로운 나를 발견하기 위해 수행하는 참다운 불자가 되기 위한 노력을 게을리 하지 말아야 합니다.

이것이 과거 역사 속에서의 성도일이 아니라 현대의 우리에게 던지는 부처님의 사자후일 것입니다.

* 음력 12월 8일이며, 부처님이 35세 때 보리수나무 아래에서 수행을 통해 대도[(大道), 아뇩다라삼먁삼보리, 무상정등정각(無上正等正覺)]를 이룬 날을 가리킨다. 즉, 큰 깨달음을 이룬 날이다.

중생과 눈높이를 맞추는 부처님

불국사 대웅전 마당에는 석등이 있습니다. 불국사 건립 초기부터 있었던 오래된 석등입니다. 그 석등을 통해 보면 신기하게도 부처님의 상호(相好)가 그대로 보입니다. 촛불 사이로 부처님의 상호가 보이는 것입니다. 많은 관람객들이 그곳을 통하여 부처님의 상호를 보고, 작은 부분까지 정성을 다했던 신라인들의 치밀함에 놀라곤 합니다. 석등을 통해 부처님의 상호를 드러나게 했던 신라인들의 마음에 새삼 감탄하게 됩니다.

그러다 문득 부처님이 계신 대웅전 상단에서 바라보면 어떨까라는 생각을 하게 됐습니다. 우리가 석등을 통해 부처님을 대할 때 외경과 장엄의 의미가 있듯, 석등을 통해 부처님을 우러르는 중생을, 똑같은 촛불과 빛의 통로로 중생을 보실 부처님의 모습도 상상하게 됩니다.

부처님은 우리를 굽어보는 위치에 계십니다. 우러러 뵈는 높은 곳에 위치하고 계십니다. 그러나 항상 우리와 눈높이를 맞추는 부처님도 뵐 수 있습니다.

단순히 높은 곳에 계셔서 굽어보는 것이 아니라 우리의 낮은 곳까지 눈을 맞추고 바라보는, 높은 곳에 계시지만 권위적이지 않고 우리와 다른 방향을 보는 것이 아니라 다가가면 언제든 우리의 근기와 위치에 맞게 눈을 맞추는 부처님입니다.

많은 부와 높은 명예를 가지게 되면 사람을 쉽게 대하거나 아래로 낮추어 보면서 그들의 삶과 생각을 외면하곤 합니다. 그들의 눈높이에서는 다른 이들의 피곤한 삶이 보이지도 느껴지지도 않기 때문입니다. 어쩌면 그것은 당연한 일인지 모릅니다. 그들이 보는 세상은 훨씬 높아서 그 아래서 벌어지는 아픔과 고통을 볼 수 없기 때문입니다.

높은 곳에서 아래를 향하여 눈을 맞출 수 있다는 것은 참으로 어려운 일입니다. 내가 있는 곳에서 바라보는 시각이 가장 편안하고 쉬운 일이기 때문입니다. 그러나 부처님은 높은 곳에서도 가장 아래서 우러르는 중생과 눈높이를 맞추고 계십니다.

언제나 부처님 앞에 서면 우리의 우러름은 가장 편안하고 안온한 부처님과 같은 눈높이가 됩니다. 나의 기도를 진지하게 들어주며 나의 아픔에 함께 느끼고 공감하는, 살아계신 부처님의 모습을 보게 됩니다.

이 글을 읽는 분들의 사회적 위치와 대인관계는 여러 모습일 것입니다. 위로 아래로 거미줄처럼 얽혀 윗사람으로 때론 아랫사람으로 많은 사람들을 대할 것입니다.

내가 많은 사람들이 우러르는 높은 위치에 있더라도 교만과 아만으로 먼 곳만을 바라보는 것이 아니라, 내 눈높이에 닿지 않는 그들을 향해 눈높이를 맞추는 넓은 마음이 되었으면 합니다.

부처님이 높은 곳에서 먼 곳만 바라보며 당신과 같은 높이만 보셨다면 우리 모두의 부처님이 되실 수는 없었을 것입니다. 우리와 눈높이를 맞추는 부처님의 마음처럼 우리들도 삶 속에서 겸허와 겸손의 아름다운 눈높이를 갖기 바랍니다.

깨달음을 일체중생에게 회향하다

 부처님은 위대한 분입니다. 이 말에 이의를 달 사람은 없을 것입니다.

그런데 왜 위대할까요? 왜 우리는 부처님이 위대하다고 말하고, 또 그 말에 모두 수긍할까요? 여러분은 왜 부처님이 훌륭하신 분이라고 생각하십니까? 어떤 점이 우리의 귀의처가 되고, 끝없는 외경의 대상으로 한없는 존경을 받게 할까요? 이 점에 대해서 생각해보아야 합니다. 그것은 우리 삶의 지표로 삼고 나아가야 할 중요한 의미를 내포하고 있습니다.

설산에서의 목숨을 건 고행 때문입니까? 그 고행 후에 최고의 깨달음을 얻었기 때문입니까? 수많은 사람들이 따르고 칭송해서입니까?

물론 이러한 부분도 존경과 경외의 이유가 될 수는 있습니다. 그러나 이것들이 전부는 아닙니다. 불교가 하나의 거대한 가르침으로 2500년을 내려올 수 있었던 근원적인 힘은 아닙니다. 그러면 무엇일까요? 무엇이 부처님을, 불교를 위대한 가르침으로 진리로 인정하게 할까요?

부처님의 진정한 위대함은 깨달음 자체가 아니라 그 깨달음을 일체중생(인간뿐 아니라 일체 모든 것)에게 회향했다는 것입니다. 깨달음 후에 그 자리에 머물러 법열(法悅)의 기쁨에 안주하신 것이 아니라, 그토록 힘들고 어렵게 얻은 일체의 것을 기꺼이 우리들에게 돌려주고 가르쳐주고자 나선 것입니다. 바로 이 점이 부처님의 진정한 위대함입니다.

우리는 부처님에게 공양을 올립니다. 이 일은 너무 일상화되어서 별 생각 없이 그저 부처님이니까 공양을 올리는 것이라 생각합니다. 그러나 공양 속에는 깨달음의 일체를 아낌없이 우리에게 가르쳐주셨던 부처님에 대한 고마움과, 지금 이 순간에도 그리고 앞으로도 계속될 부처님의 법, 고통에서 벗어나 행복에 이르는 참다운 길을 가르쳐주신 것에 대한 우리 마음의 공양이 담겨 있습니다.

부처님은 법으로 중생에게 공양하며, 중생은 그 법을 받아 지니고 행하여 부처님께 정성으로 공양을 올립니다.

깨달음 그 자체가 부처가 될 수는 없습니다. 붓다란 말의 의미는 물론 '깨달은 사람'이라는 뜻입니다. 깨달음을 이루었다는 것만으로 진정한 의미의 우리가 외경하고 존경하며 귀의하는 '부처님'이 될 수는 없습니다. 진정한 부처님은 자신의 깨달음을 일체중생에게 회향하는 분입니다.

여러분은 어떻습니까? 많은 기도와 정근(正勤)하고 참선하며 틈틈이 경을 읽으면서 자신을 닦습니다. 누구를 위해서입니까? 무엇을 얻고자 함입니까? 우리의 모든 서원은 궁극적으로 일체의 모든 중생, 유정, 무정 모두를 향한 회향이어야 합니다. 이것이 부처님을 따르는 진정한 불자의 모습입니다.

불교는 흔히 깨달음의 종교라고 합니다. 아닙니다. 단호하게 아닙니다. 불교는 깨달음을 일체중생에게 회향하는 종교입니다. 이것을 행한 분이 부처님입니다.

지금 우리가 받아 지니고 행하는 모든 법은 중생에게 회향하고자 했던 부처님의 간절한 마음입니다. 우리도 그 마음을 받아 지녀, 중생에게 회향한 부처님의 은혜를 갚는 참다운 불자가 됩시다.

지붕보다는 먼저 주춧돌을

얼마 전 한 고속도로 휴게소에서 아름다운 글귀를 본 적이 있습니다. 집을 그릴 때 일반적으로 지붕 먼저 그리는 습관을 지적한 글이었습니다.

그렇습니다. 보편적으로 우리는 그리기 쉬운 지붕을 제일 먼저 그립니다. 그다음에 기둥을, 그리고 이런저런 것들을 채워넣습니다. 그러나 가만히 생각해보면 우리가 먼저 그리는 지붕 속에는 여러 의미가 포함될 수 있습니다. 왜 먼저 지붕을 그릴까요? 하나의 건물이나 집이 세워지기 위해서는 주춧돌이 필요하다는 사실은 누구나 알고 있고, 주춧돌의 크기와 규모가 집 전체를 결정짓는다는 것을 알고 있습니다.

그러나 생각 속에서는 그 반대의 현상이 일어납니다. 그 생각으로는 실제적인 집을 짓는 것이 불가능합니다. 허공에 지붕을 세울 수는 없습니다. 이러한 습관들을 여러 면에서 살펴볼 수 있지만, 나름대로 생각해보면 지붕이 가장 먼저 눈에 들어오고, 지붕은 집에서 제일 위에 있고 가장 눈에 띄는 곳입니다. 그러나 주춧돌은 특별히 건축에 관심이 있거나 세심한 사람이 아니면 눈에 잘 띄지 않습니다.

우리가 지붕을 먼저 그리고 가장 크게 보이는 부분부터 옮기는 까닭은, 눈에 잘 띄고 크고 제일 윗자리에 있는 것부터 챙기려는 심성의 표현이 그림을 통해 표출되는 것이라 생각해봅니다.

그것은 일상생활에서 그대로 나타나곤 합니다. 어떤 성과물이 있기까지의 숨은 노력과 과정을 도외시한 채, 그 결과물의 위대함이나 가치만을 인정하는 '성과주의' 또는 외형만 바라보고 감탄하는 '형식주의'가 그러한 생각에서 출발하는 것이라 생각합니다.

그것은 우리의 생각에도 영향을 주어 작은 것에 만족하고 행복을 느끼기보다는 크고 화려한 것에 관심을 두고 의미를 두려합니다. 여러분도 실제적으로 그림을 그려보길 권합니다. 먼저 주춧돌을 그리고 기둥을 세우고 그 위에 지붕을 얹는 실제와 같은 방식으로 그림을 그려보면, 각 부분 부분의 조화 및 균형에 훨씬 더 많은 생각과 노력을 기울여야 하는 것을 알게 될 겁니다.

그러면 처음 놓는 주춧돌이 결국 기둥과 지붕을 결정하는 사실이라는 점을 자연스럽게 알게 됩니다. 눈에 잘 띄지 않고 중요하게 생각하지 않았던 주춧돌이 전체의 균형을 좌우한다는

사실을 알게 됩니다.

　그렇습니다. 기초를 배우고 다듬는 시간은 지루하고 힘듭니다. 그래서 소홀하기 쉽습니다. 그러나 그 시간을 참아내고 충실히 하지 않으면 튼튼한 기둥도, 훌륭하고 멋진 지붕도 올릴 수 없습니다.

　자, 이제부터 지붕보다는 주춧돌을 먼저 그리는 습관을 기르면 어떨까요. 그러한 작은 습관이 눈에 보이지 않는 것을 소중히 여기고, 큰 것은 작은 것부터 시작한다는 평범한 이치를 깨치는 계기가 되지 않을까요.

96

도반이 된다는 것

우리는 누구나 친구가 있습니다. 여러분에게는 어떤 벗이 있습니까? 여러 고민과 일상의 소소한 일을 상의하며, 희로애락을 함께 나누는 친구는 삶을 살아가는 데 소중한 부분입니다. 친구로 인해 삶의 희망을 갖기도 하고, 어려움에서 도움을 받아 새로운 삶을 열기도 합니다. 또한 반대로 친구로 인해 삶을 망치고 절망의 나락으로 빠지기도 합니다.

불교에서는 친구를 '도반(道伴)'이라고 부릅니다. 이 말엔 수행을 함께 하는 반려자라는 뜻도 있고, 수행의 길을 함께 가는 친구라는 뜻도 있습니다. 수행의 과정에서 만나는 사람들을 우리는 도반이라고 부릅니다.

경전에 부처님과 아난존자가 나눈 대화가 있습니다. 아난존자가 먼저 부처님께 말씀을 드립니다. "훌륭한 도반과 사귀는 일이야말로 청정한 삶의 절반에 해당합니다." 그러자 부처님께서는

"아니다. 아난아, 그렇게 말하지 말라. 훌륭한 도반과 사귀는 것은 청정한 삶의 전부에 해당한다. 그 까닭은 여덟 가지의 성스러운 길(팔정도)을 닦을 수 있기 때문이다"라고 말씀하십니다.

우리가 좋은 도반을 만난다는 말은 단순히 착하고 다정하고 내 말을 잘 들어주는 것이 아니라, 팔정도를 닦을 수 있도록 도와주고 함께 그 길을 갈 수 있도록 이끌어주는 사람을 만난다는 뜻입니다.

팔정도*는 여덟 가지의 올바른 길입니다. 삶 속에서 그것을 실천하기 위해 노력하고 행하는 것이 수행이라고 할 때, 이를 실천하려 노력하는 벗이 있어 격려하고 이끌어주며 함께 갈 수 있다면 얼마나 아름다우며, 삶 속에 투영되는 서로의 모습은 얼마나 맑고 깨끗하겠습니까? 친구라는 단순한 정감의 단계를 넘어 생사의 문제와 고통을 함께 해결하고자 하는 진실한 수행의 벗으로 거듭날 수 있지 않겠습니까?

우리 모두에게는 친구가 있습니다. 많든 적든 친구가 있습니다. 그러나 한번 둘러보십시오. 과연 도반이라고 부를 친구가 있습니까? 부처님께서 이르신 여덟 가지의 성스러운 길을 함께 할 사람이 있습니까?

서로 훌륭한 도반이 되어야 합니다. 내 주위에 도반이 없음을 탓하지 말고, 내가 누군가에게 훌륭한 도반이 되기 위해 노력해야 합니다. 부처님께서는 이렇게 말씀하십니다. "나를 훌륭한

도반으로 삼아 태어남과 죽음, 우울, 슬픔, 고통, 절망의 상태에
서 벗어나라."

　＊①정견(正見)-올바로 보는 것. ②정사(正思; 正思惟)-올바로 생각하는 것. ③정
어(正語)-올바로 말하는 것. ④정업(正業)-올바로 행동하는 것. ⑤정명(正命)-올
바로 목숨을 유지하는 것. ⑥정근(正勤; 正精進)-올바로 부지런히 노력하는 것.
⑦정념(正念)-올바로 기억하고 생각하는 것. ⑧정정(正定)-올바로 마음을 안정
하는 것.

행위를 일으키는 근본 마음

세상사에 전쟁이 벌어지지 않은 적은 없었습니다. 모두가 싫어하고 멀리하려 하지만 전쟁은 인류가 존재해온 이래로 끊임없이 이어져 왔습니다. 이로 인해 많은 사람이 죽고 상하고 비통해하며 괴로워합니다. 누구나 그 사실을 알고 있습니다. 승리한 쪽이나 패배한 쪽이나 인명과 재산 손실이 나기는 마찬가지입니다. 그럼에도 침략하고 빼앗으며 관철하고 지배하려 합니다.

부처님 재세(在世) 때도 전쟁은 있었습니다. 어느 촌장이 부처님께 전쟁에 참여하는 문제를 가지고 묻습니다. 촌장은 대대로 이어져 오는 말을 하며, 부처님께 전쟁에 참여해 용감하게 싸운 사람은 좋은 곳에 태어나고 복락을 누린다는 말을 합니다. 그러면서 부처님께 과연 전쟁에 나가 용감하게 싸우고 많은 적을 죽이면 천상계에 나느냐고 묻습니다.

부처님께선 대답을 거절합니다. 촌장은 두 번째도 똑같은 질문을 합니다. 부처님께서는 "그런 질문은 하지 말라"며 꾸짖습니다. 그러나 촌장은 세 번째도 같은 질문을 합니다. 그러자 부처님께서는 "분명히 내가 질문을 하지 말라고 했는데도 당신은 재차 질문을 했다. 그토록 궁금하다면 내가 대답을 주겠다"고 말씀하십니다. "전사가 전쟁터에 나가 전력을 다해 싸운다는 말은 적을 구타하고 결박하고 사지를 절단하겠다는 마음과 의지가 있어야 하는데, 즉 적을 구타하고 상하게 하고 죽이겠다는 마음을 가지고는 천상에 날 수 없습니다. 그것은 잘못된 견해입니다."

부처님께서는 행위보다도 그 행위를 일으키는 근본 마음에 대해 말씀하고 계십니다. 우리가 그 행위가 '옳으냐', '그르냐'에 대한 논쟁에 골몰할 때 그 행위를 일으키는 근본 마음자리가 어떠했는지를 먼저 말씀하십니다. 촌장은 오랫동안 전사의 용감한 행동, 전사의 행위에 대한 결과만 생각했을 뿐 그 행동을 일으키는 마음에 대해서는 생각하지 못했던 것입니다.

잘못된 견해는 그릇된 행동을 가져옵니다. 또한 그 행동이 반성과 참회의 가능성을 차단해버립니다. 그릇된 고집으로 행동하는 사람은 나름의 명분이 있기에 주위의 조언이나 걱정에 귀를 막아버립니다.

또한 부처님께서는 두 번이나 대답을 거절하셨습니다. 왜일

까요? 촌장의 질문에 바로 답을 하지 않으셨습니다. 아마 이유
는 여러 가지가 있을 것입니다. 그 이유를 생각해보시기 바랍니
다. 어떤 이유에서 부처님께서는 대답을 미뤘을까요?

촌장과 부처님의 대화는 우리와 부처님의 대화를 생각하게
합니다. 우리가 궁금증이나 어려운 문제에 대해서 질문을 던지
는 것처럼 촌장도 부처님께 여쭈었습니다. 촌장은 그릇된 관념
을 가지고 있었고, 그것에 대해 나름의 신념도 가지고 있었습니
다. 그러나 마음 한구석에는 '그것이 과연 진실일까' 라는 의구
심을 가지고 있었습니다. 그렇다고 그것을 아무에게나 물어볼
수는 없었습니다.

자신의 위치와 오랫동안 지켜온 굳어진 관념 앞에 자신의 의
심을 터놓고 말할 상대가 없었던 것입니다. 또한 최고 연장자로
서, 지혜로운 사람으로 인정받고 있는 촌장의 위치에서 이러한
문제를 쉽게 꺼낼 수는 없었습니다. 그때 모든 이에게 추앙받는
부처님께서 오셨고, 촌장은 기회를 놓치지 않고 한달음에 달려
가 자신이 평소에 궁금해하던 점을 여쭈었던 것입니다.

그러나 부처님께선 촌장의 질문에 두 번씩이나 대답을 거절
하십니다. 세 번째에 이르러서야 비로소 촌장의 질문에 답을 해
주십니다. 두 번이나 거절하시고, 세 번째 답을 주신 부처님을
우리는 어떻게 생각해야 할까요? 답을 간절히 바라는 촌장을 향
해서 부처님께선 왜 두 번이나 답을 거절하셨을까요?

이것은 실천의 문제입니다. 우리는 참으로 많은 것을 알고 있고, 옳고 그른 것을 생각 속에서 명확히 구분하고 있습니다. 그러나 행동은 어떻습니까? 알고 있는 것을, 옳은 것을 그대로 행동으로 실천합니까? 그렇지 않을 겁니다. 알고 있어도 자신의 이익 때문에, 혹은 상황의 제약 때문에 머릿속에서 또는 가슴속에서만 인식할 뿐 행동으로 옮기기 쉽지 않습니다.

부처님께서는 촌장의 물음에 대해 '전쟁이라는 직접적인 살상과 폭력이 실천을 통해 중지되지 않는다면 부질없는 질문과 대답'이라는 생각을 하셨습니다. 아는 것으로 끝나버린 채 폭력의 중지라는 실천이 이루어지지 않는다면 참으로 말놀음밖에 되지 않을 것입니다.

두 번의 거절은 질문에 대한 답과 그것을 실천할 촌장에 대한 의구심이자 시험이었습니다. 어느 시대에나 한 집단의 지도자는 많은 이들에게 영향을 끼치는 자리에 있습니다. 또한 정의와 명분보다는 실리와 이익에 더 많은 애착을 가집니다.

자신의 권력을 유지하고 싶어 합니다. 부처님께서는 그 점을 보신 것입니다. 실천을 통해 정의와 진리를 행할 수 있는 지도자인가 하는 점입니다. 부처님의 말씀은 항상 옳습니다. 그른 것이 없습니다. 평상시에는 모두 고개를 끄덕이며 공감합니다. 그러나 눈앞에 겨자씨 같은 이해관계라도 얽히면 그때는 상황이 달라집니다.

부처님의 말씀보다는 자신의 이익을 먼저 생각합니다. 머리로는 알고 있습니다. 부처님의 말씀과 가르침이 옳다는 점을 누구보다 잘 알고 있습니다. 그러나 말 그대로 알고 있을 뿐입니다.

그 후에 촌장은 어떻게 되었을까요? 부처님의 말씀을 들은 촌장은 감격의 눈물을 흘리며 자신의 잘못된 견해를 버립니다. 그리고 그 자리에서 출가하여 부처님의 제자가 됩니다. 오랫동안 가져온 잘못된 견해를 버리고, 바르고 맑은 생각과 견해를 지니고 세존의 제자가 되기를 청합니다. 뒷날 촌장은 치열한 수행 끝에 아라한과(阿羅漢果)를 증득하여 아라한이 됩니다.

촌장은 모르는 것을 깨달은 순간 즉시 잘못됨을 버렸습니다. 우리는 알고 있으면서도 잘못됨을 행합니다. 우리가 부처님께 답변을 청한다면 부처님께서는 우리에게 몇 번의 거절 끝에 답변을 주실까요?

비우고 나누는 불교적 평등

평등이라는 말이 있습니다. '서로 고르게 같다' 는 뜻입니다. 평등 사상은 불교뿐 아니라 다른 종교도 지향하는 보편적 가치이며 이상입니다.

그렇다면 불교적 평등은 어떠한 것일까요? 사회의 불화와 모순 속에서 좀 더 나은 평등한 사회를 만들기 위한, 불평등을 지양하는 불자의 모습은 어떤 것일까요?

지금 가장 문제가 되고 있는 것은 빈부 격차와 경제적 불평등입니다. 이것에서 많은 다툼과 분쟁이 일어납니다.

내가 가진 것보다 더 많은 것을 가진 사람과 같아지기 위해서는 어떻게 해야 할까요? 채우고, 늘리고, 모아야 같아질 수 있습니다. 이것은 아주 평범한 이치입니다. 그것은 내 눈높이를 위쪽에 맞추고 비교한 결과입니다.

그러나 반대로 나보다 덜 가진 사람과 비교한다면 어떻게 될

까요? 초등학교 산수 문제와 같습니다. 당연히 가진 것을 덜어내야 합니다. 있는 것을 비워야 같아질 수 있습니다.

우리가 지금 말하는 평등은 위를 향해 같아지기 위한 일방통행처럼 보입니다. "평등을 향해 나아가야 한다"는 말은 하지만, "아래와 같아지기 위한 평등, 즉 나누고 비워냄으로써 함께 한다"는 것에는 인색하고 두려워합니다. 어떻게 평등이 위와 같아지는 것만이겠습니까? 모두가 위를 향한 평등만 추구한다면, 그 평등을 위한 다툼과 싸움은 그치지 않을 것이며 쫓기듯 사는 삶은 계속될 것입니다.

108

평등한 사회는 채우고 쌓음으로써 구현되는 것이 아니라 비우고 나눔으로써 만들어집니다. 부처님께서 이르신 가르침도 쌓아서 같아지는 것이 아니라 비워내고 나눔으로써 같아지는, 투쟁을 통한 평등이 아닌 평화 속에서의 평등이었습니다.

보시의 의미 또한 많이 가져서 나누는 것이 아니라 남보다 하나라도 더 가졌다면 그것을 부족한 사람과 함께 함으로써, 스스로의 낮춤을 통해 더불어 사는 세상을 향한 실천을 뜻합니다.

이것을 조금 더 깊이 말한다면 쌓아서 채우는 것이 지식이라면, 비워내고 덜어냄으로써 생기는 것이 지혜입니다. 나눔과 비워냄의 평등 속에 지혜의 싹이 자랍니다. 쌓고 채우려는 욕심 속에서 지혜가 자란다는 말은 들어보지 못했습니다. 그것에 필요한 것은 지식입니다.

세상은 물론 지식도 필요합니다. 사회를 움직이는 데 많은 지식이 필요합니다. 그러나 그 지식의 쓰임을 바르게 결정하는 '지혜' 가 없다면 차라리 없음만도 못한 고통스러운 세상이 될 뿐입니다.

'불교적 평등' , 그것은 비우고 나눔으로써 가능하다는 가르침입니다.

사리판단과 사리분별

 우리가 잘 쓰는 말 중에 '사리판단과 사리분별' 이라는 것이 있습니다.

여러분들께서도 이 단어를 자주 쓸 것입니다. 이 말은 자신의 결정이나 선택을 분별 있게 해야 하는 경우에 쓰이며, 타인에게도 똑같이 적용되는 말이기도 합니다.

사리판단은 사실 불교 용어입니다. 불교 용어가 일상생활에 녹아들어 일상어로 많이 회자되는 경우를 종종 봅니다. 여러분들께서 언뜻 생각해보아도 몇 가지 단어 정도는 떠오를 겁니다.

'사(事)와 리(理)를 잘 판단하고 나누어 구별하라.' 사리판단과 사리분별의 의미를 간단히 풀면 이러한 뜻이 됩니다. 그렇다면 무엇이 事이고 무엇이 理일까요?

우리가 세상을 살다보면 많은 문제들에 부딪힙니다. 그리고 그 문제들은 복잡한 상황을 만들고, 자신도 그 속에 포함되어 어디서부터 손을 써야 해결될지 갈피를 못 잡아 우왕좌왕합니다. 어떤 행동을 취해야 하는지, 어떤 말을 해야 하는지 고심하게 됩니다.

이럴 때 우리는 사리판단 잘하고 행동하라거나, 사리분별을 잘하라고 충고합니다. 事와 理에 대한 해석을 이렇게 적용해보면 어떨까요?

事와 理를 현상과 본질이라는 단어로 바꿀 경우 뜻은 조금 더 분명해집니다. '현상과 본질을 판단하라, 어느 것이 현상이고 본질인지 구별해보아라.'

세상에는 참으로 많은 일들이 일어납니다. 하루에도 수없는 사건과 사고가 일어나며, 많은 사람들이 자기 생각을 말로 쏟아냅니다. 생각과 말이 넘치는 홍수의 시대라고 해도 과언이 아닐 것입니다.

그렇게 일어나는 잡다한 상황과 말을 '현상' 이라고 본다면, 그 일을 근본적으로 일으키게 하는 원인을 '본질' 이라고 생각해볼 수 있습니다.

그 하나하나의 현상에 현혹되고 사역당하는 것이 아닌, 그 현상을 일으키는 본질에 대한 통찰은 우리의 삶을 조금 더 단순하고 분명하게 만들 수 있으며, 그 문제에 대한 해답을 찾는 실마리를 제공할 수 있습니다.

나뭇잎이 있게 한 땅속 아래 감춰진 뿌리에 주목해야 한다는 말입니다. 바로 잎들에 정신을 빼앗기지 말고 땅속 아래 숨겨진 뿌리를 보라는 것입니다.

사리판단이나 사리분별은 불자뿐 아니라 타 종교나 일반 사람들이 일상어로서 쓰는 말입니다. 부처님의 가르침은 종교의 영역에만 머물지 않고 우리 삶과 밀접하게 연결되어 있습니다.

'현상과 본질을 통찰하라, 어디로부터 저 현상이 발생하였는가, 그 근본을 보라. 事와 理를 분별하여 올바로 행동하라.'

현상을 통하여 근본을 보는 지혜의 눈이 더욱 필요한 시대입니다.

깨달음으로서의 '성도'와 실천으로서의 '성불'

'성도재일' 은 부처님께서 깨달음을 얻으신 날을 기념하는 날입니다. 어느 분이 오시어 오랜 동안 갖고 있던 의문이 있다며 답을 청했습니다. 해마다 성도재일이면 생기는 의문이라고 했습니다. 그분이 질문하신 내용은 다음과 같습니다.

성도는 '도를 이루다, 즉 깨달음을 얻었다' 는 뜻인데 함께 사용하는 '성불' 과는 어떤 차이가 있습니까? 성도를 했다면 이미 깨달았고 이미 부처님이 되셨는데, 또다시 성불·부처가 된다는 말은 무슨 의미입니까? 여러분은 어떻게 생각하십니까? 이 분과 같은 의문을 품어보신 적이 있습니까? 깨달음을 얻은 자체가 이미 부처인데 또다시 성불이라고 합니다. '성불합시다' 라는 인사는 들어보았어도 '성도합시다' 라 말은 들어보지 못한 듯싶습니다.

분명 뜻이 다르기에 달리 쓸 것입니다. '성도'와 '성불'을 어떻게 이해하고 받아들여야 할까요? '부처'의 사전적 의미는 잘 아시는 바와 같이 '깨달은 사람'입니다. 그러나 조금 더 생각의 폭을 넓혀 사전적 어의에만 머물지 말고 부처님의 가르침인 경(經)에 근거해 사유해보면 '성도'와 '성불'의 다른 관점을 찾을 수 있습니다.

'깨달음을 얻었다'는 말은 우리가 잘 아는 바와 같이 연기(緣起)와 사성제(四聖諸), 중도에 대해 깨쳤다는 말입니다. 이 모두가 고통에서 벗어나는 방법과 번뇌의 근원에 대한 가르침입니다. 즉 이치와 원리입니다. 이것을 깨달으신 것입니다. 이것이 성도입니다.

그렇다면 이러한 깨달음 후, 즉 성도 뒤에 어떻게 하셨습니까? 홀로 법열을 누리시며 안주하셨습니까? 부처님께서는 법륜(法輪)을 굴리셨습니다. '진리의 수레바퀴'를 굴리셨습니다. 중생을 향하여 자비심으로 당신께서 성도하신 이치를 가르쳐주셨습니다. 이 거룩한 행은 열반에 드시는 날까지 계속되었습니다. 바로 부처님이 되신 것입니다.

사전적 의미의 '깨달은 사람'에서 더 나아가 삶 속에서 실천으로 중생에게 회향하여 중생의 아픔과 고통에 참여함으로써 '성불'하신 것입니다. 경은 교리 책이 아닙니다. 이치와 원리만을 말씀하신 것이 아니라 삶 속에서, 상황 속에서, 생로병사의 고통 속에서 적용되고 해결된, 즉 실제를 통해서 구체화된 부처님의 가르침, 성불하신 분만이 하실 수 있는 가르침을 우리는 부처님의 가르침, 즉 불경이라고 합니다.

불자님들은 '성불합시다' 라는 말을 인사말처럼 자주 씁니다. 이 말은 '부처가 됩시다' 라는 뜻입니다. 그러나 이 말은 부처의 뜻 그대로 '깨달은 사람' 만 되자는 것이 아닙니다. 더 깊은 의미는 깨달음을 나누고 행하는 불자가 되어야 한다는 말입니다. 성도와 성불은 이치와 실천이라는 귀중한 수레바퀴입니다. 한쪽의 수레바퀴로는 마차를 굴릴 수 없습니다.

성도가 이치를 깨달아 만물의 실상을 바로 본 것이라면, 성불은 그렇지 못한 중생을 향해 그 실상을 가르치며 어리석음에서 벗어나도록 실천하는 것입니다. '성도' 는 중요합니다. 진리를 깨치지 않고 중생을 이끌 수 없기 때문입니다. 그러나 '성불' 은 그 깨달음에 머물지 않고 실천을 통해 고통을 해결하고 함께 아파하신 부처님의 자비의 정신까지 포함하고 있습니다.

고통과 번뇌의 강을
건너게 하는 제도

'제도(濟度)'란 말이 있습니다. 우리가 흔히 말하는 '중생제도'의 제도입니다. 여러분 모두 귀에 익은 단어일 것입니다. 너무 쉽게 쓰이다 보니 제도의 의미에 대해 막연하게 구원적 개념으로 생각하는 것을 보았습니다. 가장 불교적인 단어 가운데 하나가 '제도'입니다. 그런데 제도를 불교적 특성과는 거리가 있는 구원적 개념으로 파악하여 어떤 힘에 대한 의지와 바람으로 해석하는 것을 보면서 이 문제에 대해 한번쯤 언급할 필요가 있다고 생각했습니다.

제도는 '물 건널 제(濟)'와 '법도 도(度)'의 한자로 이루어졌습니다. 이렇게 본다면 중생제도의 의미와 전혀 상관없는 것처럼 느껴집니다. 거창하고 숭고한 의미의 단어가 아니라 너무나 일상적인 '물 건널 제'와 '법도 도'의 조합입니다. 중생과 제도의 관계가 모호해지며 어울리지 않아 보입니다.

‘바라밀’ 이 있습니다. 산스크리트어 ‘파라미타’ 를 음대로 한 자로 옮겨놓은 단어입니다. 이 바라밀 속에 제도의 뜻이 담겨 있습니다. ‘저 언덕에 이른 상태’, ‘완성’ 의 의미입니다. 그렇다면 피안(彼岸), 즉 ‘저 언덕’ 을 향해 가고자 할 때 건너야 할 강과 냇물이 있을 것입니다. ‘저 언덕’ 에 이르고자 하면 피할 수 없는 과정입니다.

바로 제도는 그 강을 건너게 하는 이치이며 방법입니다. 중생 제도란 결국 중생으로 하여금 고통과 번뇌의 강을 건너는 이치를 가르쳐, 탐 · 진 · 치로 인해 일어나는 고통과 괴로움의 ‘이 언덕’ 에서 자비와 깨달음의 고통 없는 ‘저 언덕’ 으로 가게 하는 일입니다. 이 방법에는 육바라밀* 이 있습니다. 제도란 누군가의 힘, 타력이 아닌 자력의 의미를 담고 있습니다. 건너는 방법에 대한 가르침이지 단번에 옮겨준다는 뜻은 아닙니다. 건너고 다다라야 할 주체는 자신입니다.

‘이 언덕’ 과 ‘저 언덕’ 에 대한 모습을 보면 수평적 개념입니다. 이곳에서 저곳으로 옮겨가는 것입니다. 그것은 자력으로 도달할 수 있다는 말입니다. 보이는 곳에, 닿을 수 있는 곳에 있다는 뜻입니다. 충분히 가능하다는 의미를 ‘저’ 라는 지시어로 구체화한 뜻입니다. 안 보이는 곳을 ‘저기’ 라고 지시할 수는 없습니다. 실체가 있고 보이기에 ‘저 언덕’ 이라고 분명히 가리킬 수 있는 것입니다. 바로 ‘저기’ 에 있습니다. 위로 올라가는 수직적

개념이 아닙니다. 힘들게 문 앞까지 다가가 문을 열어달라고 두드리는 것이 아니라, 내가 열고 들어갈 수 있다는 말입니다.

중생제도는 중생을 향해 고통의 바다를 건널 수 있는 방법과 이치를 가르칠 수 있는 지혜와 깨달음을 얻기 위해 수행과 기도가 선행되어야 합니다.

이치와 방법을 모르는 사람은 가르칠 수 없습니다. 또한 잘못된 방법을 가르친다면 많은 사람들이 그 방법을 따르다 '저 언덕'에 도달하지 못하고 중도에 포기하거나 낙오되고 흩어질 것입니다.

그 방법을 설하시고 가르치신 분이 부처님입니다. 저 언덕에 도달하신 후 이 언덕에 있는 중생을 향하여 그곳으로 갈 수 있는 방법을 가르쳐주신 것입니다. 위로 솟구치고 올려다보는 것이 아니라, 걸음을 옮기고 자리를 이동하는 것으로도 충분히 도달할 수 있는 '저 언덕'을 말씀하신 것입니다.

수행과 배움을 게을리 하면서 중생제도를 입버릇처럼 말해서는 안 됩니다. 수행을 통해 또한 생활 속의 육바라밀을 통해 제도의 이치를 깨닫고, 이치를 배우며, 익히고, 행해야 합니다. 한 걸음에 다 가려 하지 말고, 성급하게 가다가 쉽게 지쳐 포기하지 말고 느리지만 꾸준하게 가야 합니다.

부처님께서 물을 건너는 바른 법이 있다고 말씀하셨다면, 결코 도달하지 못할 '저 언덕'이 아니기 때문입니다. 제도는 누가

누구를 저절로 건너게 해주는 것이 아니라, 건너는 이치를 배우
고 닦음으로써 자신이 건너는 자력의 의미임을 다시 한 번 말씀
드리고 싶습니다.

* 열반에 이르기 위한 보살의 여섯 가지 수행. 보시(布施), 인욕(忍辱), 지계(持
戒), 정진(精進), 선정(禪定), 지혜(智慧)를 이른다.

도(道)나 덕(德)은 형상(形相) 없이 큽니다.
우리 눈에 안 보입니다.
풀이나 나무, 짐승들은
커가는 것이 보이지 않지만 점점 커갑니다.
또 세상 잘되려고 기도하시는
목사님, 수녀님, 신부님, 깊은 산골 스님들
그분들의 청정한 운기가
세상을 잘되게 만들어 가시는 겁니다.
우리도 세상을 함께 하는 겁니다.
좋든 싫든 간에 같이 돌아가야 하는데
지금 내 삶은 어떠합니까?

분열에서 벗어날 생명의
근원으로 돌아가야……
— 아침시론

불국사 황금돼지

경주 불국사에서 황금돼지가 발견되었습니다.

600년 만에 한 번 돌아오는 황금돼지 해에 불국사에서 다산과 부귀를 상징하는 황금돼지가 발견된 일을 두고 국운 융창과 길상(吉祥)의 징조이자 우리나라에 큰 행운이 깃들 징조로 여겨 모두가 기쁘게 받아들이고 있습니다.

불국사 극락전의 처마 밑 현판 뒤에 숨겨진 채 1200여 년을 잠자고 있던 황금돼지 목조 조형물이 한 관람객에 의해 발견되어 2007년 2월 언론을 통해 세상에 알려졌습니다.

불국사 황금돼지는 길이 50센티미터가량에 나무로 다듬어져 있으며, 실제로도 황금빛을 띠고 있습니다. 극락전은 국보 제27호인 금동아미타여래좌상이 모셔져 있는 곳인데, 왜 하필이면 이곳에 황금색을 띤 목조 돼지를 숨겼을까요? 이에 대해 몇 가지 설화가 전해옵니다.

불국사를 창건한 김대성은 평소 토함산에 사냥을 자주 다녔는데, 어느 날 밤 자신이 사냥한 곰이 꿈에 나타나 "나는 너를 해치지 않았는데 너는 왜 나를 죽였느냐"고 물었습니다. 그 후 김대성은 살생을 삼가고 불가에 입문했다는 설이 있습니다. 즉, 김대성이 불국사를 창건하고 살생하지 않기로 맹세하면서 처마 밑에 몰래 돼지 형상을 만들어 숨겼다는 것입니다.

또한 이 사찰을 중수하던 장난기 많은 한 스님이 내림마루나 추녀마루 밑에 용이나 봉황을 만들어 넣는 대신 현판 뒤에 돼지 상을 만들어 숨겼다는 설도 있고, 옛날에 멧돼지를 많이 잡은 사냥꾼이 멧돼지에 대한 죄책감으로 부처님의 염불을 들으며 극락세계로 가기를 바라는 마음을 담아 마련했다는 설도 있습니다.

한편 경주 지역 한 향토사학자는 "대개 사찰을 지을 때 용마루에 잡귀신을 쫓기 위한 돼지상을 얹기도 했다"고 설명합니다.

경주시 관계자는 황금돼지 해를 맞아 경주를 찾는 관광객들에게 이 황금돼지가 새로운 볼거리로 관광자원이 될 수 있을 것이라 큰 기대를 하고 있습니다. 이와 더불어 신혼부부들에게는 다산을, 일반 관광객들에게는 다복을 기원하는 조형물도 설치되었습니다.

불국사에서도 극락전에 불교와 황금돼지의 관계를 설명하는

안내판을 설치하고, '복돼지 출현 100일 기도대법회'를 봉행하고 있습니다.

돼지는 재물과 의식의 풍족함을 상징하며, 복을 가져다주는 길한 동물로 알려져 있습니다. 세상의 모든 행복과 즐거움이 가득하다는 극락정토의 복돼지는 부와 귀의 상징인 동시에 지혜로움으로 부귀를 잘 다스려야 한다는 좋은 의미라 생각합니다.

'부'와 '귀'가 함께하는 곳에 착한 지혜의 근본이 있다면, 그곳이 바로 극락정토입니다. 또한 불국사 극락전의 황금돼지는 우리 국민 모두의 상징적인 복돼지가 될 것입니다.

새해의 의미

서로 주고받는 덕담들이 새해임을 실감케 합니다. 새해에는 바라고 이루어졌으면 하는 일을 하나씩 가슴에 품습니다. 어쩌면 그 희망과 바람으로 한 해를 힘차게 나아갈 수 있는지도 모릅니다. 그 기대와 바람 속에는 에너지가 있기 때문일 것입니다.

지난해의 일들이 금방 새롭게 풀린다거나 다른 것으로 대체되어 자고 나니 유명해졌다는 기적은 일어나지 않는다는 사실을 알면서도 우리는 시작이라는 것에 다시 한 번 의미를 갖습니다.

지난 한 해에도 많은 일들이 있었습니다.

아침 시론을 메웠던 사회의 쟁점과 각계각층의 목소리 등 많은 의견들이 충돌하고 화합하면서 한 해를 엮어갔습니다. 그 과정에서 많은 이들이 분노와 좌절을 겪기도 하고, 때로는 사필귀정의 정의를 보기도 하면서 또 때로는 씁쓸한 뒷맛을 남긴 아쉬운 결말을 보기도 했습니다.

아직 진행 중인 일들로 온 사회가 시끄러워지는 것도 듣고 있습니다. 지난해에 시작된 일이 지금도 계속 우려와 걱정을 만들면서 나라 밖에서는 많은 인명들이 희생되고, 그에 대응한 보복으로 더 많은 사람들이 사라지는 현실을 보고 있습니다.

불행의 단절, 그리고 악순환의 고리를 끊을 수 있는 방법에 대해 생각해봅니다. 다시 시작하는 것이 새해의 의미라면 고통과 시름으로부터도 단절과 용서를 통해서 다시 시작하는 새해를 말입니다.

아직 풀지 못한 많은 문제들이 있습니다. 앞으로 더 많은 문제들이 생겨날 것입니다.

그것은 어쩔 수 없는 갈등과 분열, 분노와 절망을 가져올 것입니다. 그러나 우리가 시작하는 새해는 시간적 의미뿐만 아니라 새로운 꿈과 화해, 순리를 통한 투명한 문제해결이라는 의미를 만들어보는 것입니다.

개인적인 소망과 바람도 중요하지만 구성원으로서 내가 사는 삶의 터전 위에서 개인보다는 다수의 일원으로 해야 하고 지켜야 할 일들에 대한 성찰이 있었으면 합니다.

그것이 궁극적으로는 나와 내 가족을 위하는 일이기 때문입니다. 지역적 이기심이나 집단 이기주의 같은 욕심을 떠나 나의 작은 욕심부터 돌아보는 시작을 말입니다.

우리는 흔히 제삼자의 처지에서 어떤 일을 보려고 합니다. 당장 나에게 어떤 손해나 이익, 이해관계가 없는 일에 대해서는 철저하게 무관심해집니다. 하지만 생각해보면 우리가 제삼자의 위치에서 무심할 수 있는 일은 없습니다.

알게 모르게 우리는 모두 연결되어 있습니다. 하나로 따로 떼어내어 독립적으로 존재할 수 없는 상호의존적 존재이기 때문입니다.

우리의 삶이 연속적으로 연결되어 있고 그 삶을 바탕으로 우리의 후손들이 다시 삶을 영위해나간다고 생각할 때 결코 남의 일과 내 일을, 혹은 개인과 사회를 나누어서 생각하는 것은 어리석은 일입니다.

그러한 연결의 고리에서 내가 이어주는 작은 신뢰와 용서가 전체의 사회를 튼튼하게 지탱하고 버티게 하는 든든한 기초가 될 것입니다.

나부터 시작하는, 개인으로서보다는 사회의 구성원으로서 한 번 더 생각하는, 새해의 의미가 그러했으면 좋겠습니다.

정부 차원의 쌀 소비 운동을

들녘에는 황금물결이 가득하고 쌀농사는 사상 유래 없는 풍작이 예상된다고 합니다. 그러나 누구보다 풍년을 기뻐해야 할 농민들이 깊은 시름과 절망에 빠져 있습니다. 쌀 재고량의 누적과 유례없는 대풍작으로 쌀값 폭락이 예상되기 때문입니다. 정부는 서둘러 대책을 내놓고 200만 섬을 추가 수매하겠다고 하지만 쌀값을 안정시키기에는 역부족인 듯싶습니다.

또 지난해 재고량을 안고 있는 농협과 농협산하단체에서는 정부의 요구대로 무작정 수매를 할 수 없는 처지입니다. 쌀값이 더 떨어질 수 있다는 우려 때문에 쌀 수매를 기피하고 있는 것입니다. 지난 30년간 쌀 생산량은 30퍼센트 증산됐습니다. 그러나 소비량은 오히려 30퍼센트 줄어서 재고량의 누적과 폭락의 근본 원인의 하나로 지적되고 있습니다.

사상 유례없는 생산량 증가와 날로 줄어드는 소비량 등의 이유로 앞으로 쌀값은 더 떨어질 거라는 전망이 전문가들의 의견입니다. 이런 상황이 계속된다면 우리의 농사 기반인 벼농사 자체가 붕괴될지도 모른다는 우려가 있습니다.

쌀은 단순히 먹는 식량의 문제가 아니라 국가의 존립과 안보에 직결되는 중요한 사안입니다. 요사이 대중 언론과 지방자치단체에서는 '쌀 사주기 운동' 등 쌀 소비를 촉진하기 위한 여러 행사와 운동을 펼치고 있습니다. 바람직한 일입니다. 여러 정책적 고민과 대안의 고심 중에 우리 국민이 할 수 있는 일이 바로 이러한 운동입니다.

요사이 우리의 식생활은 많은 변화를 가져왔습니다. 인스턴트 음식의 발달과 바쁜 생활은 기존의 밥 중심의 식생활보다 간편하고 빠른 음식을 선호하게 되었고 이런 변화가 쌀 중심의 우리 식생활을 변화시켰습니다.

그러나 쌀을 중심으로 여러 반찬을 균형 있게 섭취하는 우리 식사는 상당히 과학적이며 건강에도 매우 좋은 것으로 입증되었습니다.

정부의 쌀 재고량은 적정량인 550만 섬을 두 배 가까이 초과한 1,000만 섬에 육박하고 있어 재고량을 늘리는 데 한계가 있다고 합니다.

또 농협이 정부 약정수매가 수준으로 벼를 사들이고 시가와의 차액을 정부가 보전해야 한다는 농민단체의 주장은 세계무역기구(WTO)의 규정에 어긋나기 때문에 차액보전은 현실적으로 힘든 모양입니다. 정부는 쌀값 폭락 저지를 위해 정부 재고미를 합리적으로 처리할 수 있는 바람직한 방안을 찾고, 또 민간단체와 긴밀히 연계해 쌀 소비를 촉진할 수 있는 방안을 생각해야 합니다. 그래서 농민들이 쌀농사를 포기하는 일이 없어야 합니다.

현실적으로 여러 가지 방법 중에서 지금 우리가 할 수 있는 일은 쌀 소비 운동밖에 달리 선택이 없습니다. 다른 방법은 이런저런 이유로 시행할 수 없는 문제를 많이 안고 있습니다. 정부는 이러한 운동이 활성화될 수 있도록 물심양면으로 지원하는 적극성이 요구됩니다. 세계무역기구의 규정 때문에 차액보상이 어렵다면 이 같은 방식으로라도 측면을 지원하는 노력이 필요합니다. 재고량과 규정만 되풀이 말하면서 손 놓고 있다면 농민들의 낙담과 절망은 더욱 커지고 농사에 대한 의욕은 더욱 꺾일 것입니다.

우리도 쌀소비 운동에 참여하고 쌀 구매에 적극 나서서 쌀값 폭락을 온 국민이 함께 막는 국민운동이 절실히 요구되는 때입니다.

인류는 복수가 아닌
화해를 원한다

 뉴욕의 시민들이 출근길로 발길을 재촉하고 일터에
서 하루를 준비하던 2001년 9월 11일 오전 8시 30분.

건국 이래 단 한 번도 본토를 습격당하지 않았다던 미국의 심
장부이자 세계경제의 중심인 맨해튼이 테러리스트들에게 공격
을 받았습니다. 텔레비전이나 신문에서는 아수라장과 사람들
의 비명, 공포에 질린 얼굴들, 잿더미가 돼버린 잔해 위에서 생
존자를 찾기 위한 안간힘을 쓰는 가슴 아픈 장면들과 소식들을
연일 내보냈습니다.

그 충격은 일파만파 번져 세계경제가 휘청거리고 제2, 제3의
테러가 언제 닥칠지 모른다는 공포감에 사람들은 두려움에 떨
고 있습니다. 미국은 오사마 빈 라덴을 이번 테러 사건의 배후
로 지목하고 그를 보호하고 있는 탈레반 정권에 대한 보복 공격
을 감행했습니다.

미국이 이끈 '무한정의'라는 이 작전은 빈 라덴이라는 한 사람의 체포로 끝나지 않고 여러 반미 테러단체를 발본색원하고, 그 지원국과 여타의 다른 곳까지 공격하는 전 방위적인 대(對)테러전쟁이 될 것이라고 합니다.

중동은 매우 복잡한 지역입니다. 그것은 역사적으로 세계열강의 석유 쟁탈전과 이해관계 속에서 그들이 겪어온 고통과 무관하지 않습니다.

또한 그들을 하나로 묶는 민족적 정서의 바탕에는 강력한 종교 이데올로기가 있다는 사실을 간과해서는 안 됩니다. 미국은 십자군이라는 이름을 정의의 동의어로 사용하고, 정의라는 이름으로 십자군전쟁에 나설 것을 역설하고 있습니다.

정의라는 이름의 십자군과 적들에 대한 자하드(성전)를 외치는 종교적 개념으로 이 전쟁의 성격이 바뀌고 있습니다. 그것은 바로 종교적 신념이 다르다는 이유로 무자비한 살육과 학살을 '신의 이름으로'라는 한마디에 아무런 가책 없이 저질렀던 중세의 광기를 떠오르게 합니다.

'미국 편에 서지 않는 나라는 적이다'라는 보도를 본 적이 있습니다. 우리는 여기에서 무서운 흑백논리를 봅니다. '흑이 아니면 백'이라는, 어떠한 다양성도 인정하지 않는 몰이성을 봅니다.

지금 상황이 심각한 것은 바로 중립이라는 개념이 용납되지

않고 있다는 것입니다. 미국이 아프가니스칸에 대한 전쟁을 선포하고 진행하는 동안에도 테러 단체들은 또 다른 테러를 공언하면서 위협하고 있습니다. 이 전쟁을 수행하는 목적은 바로 테러라는 이름의 비열하고 야만적인 행위를 종식하기 위함입니다.

그렇다면 미국이 수행하는 이 전쟁으로 아프가니스탄의 탈레반 정권을 무너뜨리고 오사마 빈 라덴을 체포한다면 더 이상의 테러는 없을 것인가? 그러나 대답은 회의적입니다.

중동의 정서는 그들 정부가 미국과 협력하는 것과는 반대로 적대감을 노골화하고 있습니다. 이것은 중동에 또 다른 정치적 불안과 내전의 빌미를 제공할 것입니다. 그리고 또 다른 빈 라덴을 만들어낼 것입니다. 보복의 악순환은 계속될 것입니다.

빈 라덴 및 테러 단체의 단죄와 더불어 미국은 전 세계와 함께하는 타협의 평화를 진지하게 고민해야 합니다. 무력에 의한 평화의 한계를 인정해야 합니다.

청명하고 선선한 날 세계의 가장 큰 도시가 받은 맹렬한 공격에 잠을 깨보니 폭력적인 세상에서는 어느 누구도 안전할 수 없다는 진실이 다시 떠오릅니다.

안전이 확대 강화와 보복에 의해서가 아니라 무장해제, 국제협력, 사회정의를 통해서 얻어질 수 있는 세상을 찾아야 합니다. 우리는 수천 명의 민간인을 살상한 오늘 같은 이 공격을 주저함 없이 비난합니다. 이와 같은 깊은 비극으로 미국의 정책이 그간 다른 나라, 다른 민간인들에게 끼친 영향을 떠올릴 수 있기 바랍니다. 특별히 이 나라에 살고 있는 중동인 자손들이 느낄 공포를 잘 알고 있으며, 이 공동체에 대해 각별히 배려할 것을 촉구합니다.

우리는 한 세상을 이루고 있습니다. 두려움과 공포 속에서 살 수도 있으며, 갈등보다는 평화로운 선택을 찾고 이 세상에 있는 자원들을 더욱 공정하게 나누는 미래로 향할 수도 있습니다. 잃어버린 목숨들을 슬퍼하면서 이제 우리의 마음은 복수가 아닌 화해를 원합니다.

인구 정책 다각적 접근 필요

얼마 전 출산율이 급격히 감소하고 있다는 기사를 봤습니다. 1970년대 초 한국의 경제성장을 막는 주요한 원인 중 하나로 인구과밀이 지적되었습니다. 당시는 가족 구성원의 수가 곧바로 노동력으로 인정되던 농촌 중심의 시대에서 산업화가 가속화되고 사회의 구성 체계가 변화하면서 새로운 인구 정책이 필요했습니다. 정부가 민간단체와 연계해 1960년대부터 시행한 가족계획 사업으로 우리나라는 인구 억제 정책에 성공한 대표적인 나라로 꼽히게 되었습니다.

1960년 가임 여성의 출산율은 6.0명이었습니다. 그러나 출산율이 급속히 떨어져 1990년에는 1.6명, 1999년에는 1.4명으로 인구 대체 수준을 밑도는 저출산율의 나라가 되었습니다.

여러 문제 중에는 급속한 저하율로 인한 사회의식의 변화도 무시할 수 없습니다. 적은 자녀의 수로 인해 인성교육 부문에도 문제가 있습니다. 또한 사회적으로는 출산율이 저하되면서 상대적으로 인구가 노령화되는 현상이 나타나고 있습니다. 출산율이 4분의 1로 감소할 경우 노령화 인구는 4배로 늘어난다고 합니다.

그렇게 됨으로써 경제적으로 사회 부양비의 증가도 무시할 수 없습니다. 그러나 출산율 증가를 경제적 가치로서의 노동력 창출이라든가 사회 발전 등으로 등식화하기에는 문제가 있습니다. 출산율 장려의 수단으로서 각종 물질적 혜택이나 사회적 혜택의 제공 등은 분명 한계가 있습니다. 이것은 물론 크게 보면 국가 정책이지만 본질은 인간의 가치관과 인식의 문제입니다. 사회 통념과 현실적인 상황의 복잡한 부분들이 출산율에 대한 가임 여성들의 인식 변화를 가져온 것입니다.

그 속에는 여성의 사회 참여 확대와 여권 신장 등 국가의 인구 억제 정책의 외적인 요소도 많습니다. 보통의 인구정책은 30년을 한 세대로 봤을 때 한 세대의 삶의 질과 사회의 정체성을 규정하는 중요한 문제입니다.

1960년대 초 우리가 시행했던 가족계획 사업의 명과 암이 지금 현실로 나타나고 있기 때문입니다. 사실 인구정책은 출산율의 증가와 감소만의 문제가 아닙니다. 평균 수명의 증가와 고령화, 도·농 간의 인구 편차, 사회적 가치관 등 많은 문제를 함께 다루어야 하는 문제입니다.

인구과밀로 몸살을 앓고 있는 도시나 농사철이 되면 비싼 인건비를 지불하고도 일할 사람을 구하지 못하는 농촌의 문제는 '출산율 증가=노동력의 안전한 수급' 이라는 등식을 성립시키는 데는 무리가 따릅니다. 이것은 단순히 양적인 측면만을 고려한 일일 뿐 노동력의 질적인 부분을 말하는 것이 아니기 때문입니다.

이것은 출산율 장려로만 해결될 문제가 아닙니다. 복합적이고 다각적인 접근이 필요합니다.

1960년대의 인구정책이 경제성장에 초점을 맞춰 계획되었다면 지금은 삶의 질과 국가발전의 새로운 방향과 함께 제시되어야 합니다. 또한 무엇보다 중요한 점은 우리가 안고 있는 남·북한 대치 관계라는 특수한 상황도 반드시 고려되어야 합니다.

댐 건설 신중해야

해마다 장마로 많은 비 피해가 나고 있습니다. 갑자기 쏟아지는 게릴라성 폭우와 집중호우는 지역에 따라 편차가 크게 나타나면서 가뭄 및 폭우의 피해가 동시에 일어나는 기현상이 나타나고 있습니다.

한때는 물이 넘치고, 한때는 물이 부족해서 난리를 겪어야 하는 상황에 대한 대안으로 댐 건설이 제시되고 있습니다. 지역별, 계절별 강수량의 차이가 크고 편차도 심하기 때문에 댐 건설 외에는 달리 관리 기능을 할 만한 것이 없다고 말합니다.

또한 댐을 계획하고 건설하는 데 10년 정도 걸리기 때문에 지금 하지 않으면 늦는다고 말합니다.

그러나 댐의 특성상 한 번 잘못 건설되면 폐해가 실로 막심할 뿐 아니라 지속적이라는 데 문제가 있습니다. 댐의 가장 큰 기능은 홍수조절 효과와 가뭄 해결입니다.

그러나 실제적으로 홍수는 매년 늘어나고 가뭄에 대한 해결도 만족할 만큼 성과를 거두지 못하고 있습니다. 물길을 막아 물을 저장함으로써 두 가지 문제를 동시에 해결할 수 있다는 생각이 무리라는 것이 여러 연구와 통계를 통해서 증명되고 있습니다.

그러나 환경적 요소를 고려하지 않은 단순한 발상이 불러온 폐해를 우리는 보고 있습니다. 시화호와 낙동강 오염의 사례가 그 예입니다.

1조 원이 넘는 엄청난 돈을 쏟아부었지만 농업용수로도 쓸 수 없고 물고기도 살 수 없는 죽음의 호수가 되어버린 시화호는 환경적 요소를 무시하고 자연 역행적인 무리한 추진이 불러온 재앙입니다. 앞으로 이 문제를 해결하기 위해서 얼마만큼의 비용이 지출될지도 모릅니다.

낙동강의 오염 또한 상류에 건설된 댐들로 인해 금호강으로 유입되는 물의 양이 급속히 줄어들면서 썩은 물이 유입되고 물의 정화기능이 상실되어 오염의 도가 점점 심각해지고 있습니다. 함부로 물길을 막는 일이 얼마나 위험하고 어리석은 것인지를 잘 보여줍니다. 초기에 댐 건설을 추진했던 선진국들도 지금은 기존의 댐들을 해체하는 방향으로 가고 있습니다. 생태계 파괴의 폐해가 가공할 만한 결과를 불러온다는 점과, 물길을 막아서 홍수와 가뭄 및 물 부족을 동시에 해결할 수 있다는 생각에

서 벗어나고 있는 것입니다.

그 이면에는 그들이 겪었던 뼈아픈 오류가 있습니다. 그들의 연구결과를 통한 결론은 생태계 파괴와 더 큰 재난을 부르는 댐 건설보다 수자원의 근원적 보호 및 환경 친화적인 정책적 전환이 필요하다는 것입니다.

앞으로 겪게 될 물 부족 사태에서 우리가 할 일은 댐의 건설이 아니라 물 사용량을 줄이는 것입니다. 우리의 1인당 물 사용량은 세계 최고 수준입니다. 물은 무한한 자원이 아닙니다. 유한하고 한정돼 있습니다.

손쉽게 물길을 막으면 된다는 근시안적인 생각보다 물 절약 운동을 펴나가면서 미래를 내다보는 신중하고 계획된 정책이 필요합니다.

세계 난민의 날을 보내며

제2차 세계대전 직전의 프랑스 파리를 배경으로 돌아갈 곳을 상실한 자의 삶과 그 속에서 생겨나는 인간 군상의 다양한 모습을 그린 소설 《개선문(Arc de Tr)》은 반전작가로 지목되어 독일 국적을 박탈당하고 미국으로 망명한 레마르크 본인의 자전적 요소가 배어 있는 작품입니다. 소설의 주인공 라비크는 연인 조안에게 자조 섞인 목소리로 얘기합니다. "지금 내가 할 수 있는 가장 큰 모험은 단순하고 조용한 생활이오." 언제 검거될지 모르는 긴박한 삶, 추적을 피해서 끊임없이 옮겨다녀야 하는 자신의 생활을 조롱하듯 한 말입니다.

21세기에도 이와 같은 삶을 살아가는 이들이 있습니다. 탈북자들입니다. 1990년대 후반 대량으로 발생했던 탈북자 문제는 지금도 상황이 나아질 기미를 보이지 않고 있습니다.

정부는 현재 해외를 떠도는 탈북자 수를 1만~3만 명, 민간단

체는 30만 명까지로 추정하고 있습니다. 그럼에도 우리는 현지 국과의 외교적 마찰 및 복잡한 문제 때문에 적극적으로 이 문제에 개입하는 것을 꺼리고 있습니다. 중국이나 러시아 등 제삼국으로 빠져나간 탈북자들은 국가 배반자로 간주, 체포되면 강제 송환될 수밖에 없습니다. 이에 대해 러시아는 1997년 '러·북 공민 상호여행에 관한 협정'을 새로이 체결해 북한인의 본국 송환이나 제삼국 출국을 제한하던 조항을 삭제했습니다. 이로써 러시아 내 탈북자들은 유엔난민고등판무관실(UNHCR)에 의한 난민 지위를 허용받을 수 있는 길이 생겼습니다. 그러나 중국은 아직도 북한과 1960년대에 맺은 '중국, 북한 범죄인 상호 인도 협정'을 지키고 있으며, 1986년엔 '국경지역 업무협정'도 체결해 탈북자들을 북한으로 강제 송환하는 데 협조하고 있습니다.

1951년 발효된 난민 지위에 관한 협정은 인종, 종교, 국적, 정치적 견해, 특정 사회단체 참여 등의 이유로 박해를 받는 사람들이라고 규정하고 있습니다. 탈북자라는 신분적 모호함 때문에 공개적으로 하지는 못하지만 많은 민간단체들이 탈북자를 돕고 있습니다. 중국에서 그들의 활동은 위험과 현지법 문제 등 많은 제약 속에서도 꾸준히 추진되고 있습니다. 이것은 한 민족이라는 공통분모와 더불어 이념의 문제가 아닌 한 인간으로서의 인권에 대한 공감의 문제입니다. 보도되는 탈북자들의 생활을 보면 차마 믿기 어려운 일들이 일어나고 있습니다. 탈북자라는 신분적 약점 때문에 범죄의 표적이 되고 피해자가 되어도 적발될 경우 강제소환이 두려워 아무런 말도 못하고 있습니다. 이렇게 유린되는 이들의 인권은 또 다른 심각성을 가지고 있습니다.

우리가 갖는 관심의 방향은 그들이 단순히 국경을 넘은 것이 아니라 한 인간으로서 최소한의 생존권을 지키기 위해 국경을 넘어서 탈출했다는 사실입니다. 또 아무런 보호 장치 없는 곳에서 언제 다시 끌려갈지 모르는 불안함 속에 버려져 있다는 것입니다.

지금 그들에게 당장 필요한 것은 안전한 피난처와 의식의 해결입니다. 먼저 이런 기본적인 일에서부터 시작해서 근본적인 문제로 접근해나가는 방식이 필요합니다. 이와 더불어 탈북자들이 국제법상 난민이나 망명자의 지위를 부여받을 수 있도록 외교적 노력을 병행하는 일입니다. 정부 차원의 노력과 함께 민간단체에서 국제적인 여론을 조성하고 국제사회가 관심을 기울이도록 만드는 작업들을 펼쳐야 합니다.

6월 20일은 유엔이 정한 세계 난민의 날입니다. 유엔난민고등판무관실이 탈북자 문제가 국제사회에서 현안이 되고 중국 정부로 하여금 탈북자들에게 난민 지위를 부여하도록 촉구하겠다는 태도를 가지고 있는 모양입니다.

고무적인 일입니다. 이러한 관심과 노력이 시발점으로 작용
해 지금도 불안함 속에서 해외를 떠도는 많은 탈북자들에게 희
망의 소식이 되었으면 좋겠습니다.

군사부일체

'군사부일체'(君師父一體)라는 말이 있습니다. 국가와 사회와 가정에 대한 유교적 관점을 단적으로 표현한 말입니다. 단어 그대로 풀이하면 '군주와 스승과 아버지는 하나다, 일체다' 라는 말입니다. 유교가 지향하고 이끌고자 했던 정치관과 사회관은 계급 및 개인에 대한 일괄적이며 통괄적인 관계의 정립입니다. 그것은 통치적 목적이나 최고의 선으로서 효와 충성, 스승에 대한 예경으로서 각각 다른 모습을 띠지만 통합된 하나의 이데올로기로 나타나게 되는 이유이기도 합니다. 봉건제적 가부장 사회에서 아버지는 곧 국가에서의 군주와 같은 위치였습니다. 집안의 중요한 결정이나 가족 구성원들에 대해 독점적인 권리를 행사했으며, 누구도 그 부분에 대해 이의를 달거나 다른 의견을 제시할 수 없었습니다.

전제국가에서의 임금의 구실은 더 말할 필요도 없을 것입니다. 누구도 넘볼 수 없는, 일종의 신성불가침 영역이었습니다. 그러나 오늘날 군사부일체의 한 축인 스승에 대한 고마움을 전하는 스승의 날의 풍경은 을씨년스럽기까지 합니다. 1년의 하루를 스승의 날로 정하고 스승에 대한 감사와 고마움을 새긴다는 건 아름다운 일입니다. 가르친다는 것, 그것은 우리의 미래를 다듬고 만드는 일입니다. 미래를 보장받는 가장 확실한 투자라고 말할 수도 있습니다. 백년대계 교육은 그만큼 중요한 일입니다.

그러나 스승의 날에 신문 지면을 메운 기사는 답답하고 걱정스러운 얘기들뿐이었습니다. 걱정을 넘어 심각한 수준의 이야기들이었습니다. 학생이 교사를 구타하고 학부모가 교사를 폭행하고 학생과 교사, 교사와 학부모 사이에서 고소·고발이 일어나고 있습니다. 교사 측에서는 학생과 학부모가 교권을 침해하고, 이제는 아예 교권이라는 단어가 있는지조차 모르겠다는 자조 섞인 소리도 합니다. 학부모 측에서는 촌지 요구와 가혹한 체벌 및 무성의한 수업 태도, 학생에 대한 인권침해 사례 등을 제시합니다.

이런 상황에 이르게 된 원인을 여러 가지로 꼽을 수 있습니다. 획일적이며 일률적인 교육 체계, 가정교육의 소홀, 지나친 개인주의와 경쟁심리 등. 모두 수긍이 가는 내용들입니다. 언제나 들어온 교육 개혁이란 말은 상투적이며 식상한 구호의 대명사처럼 되어버렸습니다. 근시안적으로 계획되고 일이 생길 때

마다 미봉책으로 내놓은 대안들은 교육 현장에 혼란을 일으켜 모두를 당혹스럽게 만들고 있습니다. 교육 현장이 다듬어지지 않고 충분한 검토 없이 만들어진 교육 정책의 실험장이 되고 있습니다. 그 과정에서 새로운 기준과 원칙에 당황해하며 학생과 교사, 학부모들은 우왕좌왕하고 있습니다.

이런 상황의 일차적인 책임은 정부, 즉 교육인적자원부에 있다고 생각합니다. 전체적인 내용을 종합해 대책을 세우고 10년, 20년을 내다보면서 근본적인 문제 해결을 위해 노력했다면 교육 정책이 오히려 퇴보했다는 평가는 받지 않을 것입니다.

인간의 존엄성

대한의사협회가 제정한 '의사윤리지침'으로 한바탕 사회가 시끄러웠습니다. 보도 내용들을 보면 의사의 사회적 역할과 시험적인 의료 행위에서의 환자 보호 강화, 경제적인 이유로 치료를 못 받는 환자에 대해서는 더욱 적극적인 의사의 역할이 강조된다는 점이 눈길을 끕니다.

바람직한 일입니다. 생명을 다루는 일은 숭고하고 엄숙한 행위입니다. 비록 그것이 개인적인 행위라 해도 사회와 무관할 수는 없습니다. 지금 사회가 의사협회의 내부 문건을 가지고 이렇게 관심을 갖는 이유는 그것이 한 협회의 문제로, 혹은 회원 간의 지침으로만 끝나지 않기 때문입니다. 우려의 목소리를 내는 쪽에서는 생명에 대한 존엄성이 훼손되거나 편의주의적인 발상으로 생명 자체의 가치를 평가하는 일이 생기지 않을까 걱정하고 있습니다. 또 그 판단의 과정이 투명하지 않거나 다른 목적으로 사용되지 않을까 하는 염려도 있습니다. 인위적으로 생명을 조작하거나 그것에 어떤 형태이든 가감을 하는 행위 자체에 대한 윤리적인 문제도 제기하고 있습니다.

그러나 이러한 문제는 논제의 차원을 넘어서 가장 기본적인 문제부터 접근해야 할 듯합니다. 생명이라는 엄숙한 명제 앞에 어떤 수식어나 보조어, 예를 들어 환자의 처지나 가족의 상황을 고려한 관점, 혹은 어떤 다른 이유에서 생명이 논의될 수 있다는 생각은 위험합니다. 우리가 어떠한 경우라도 결코 포기할 수 없고, 포기해서도 안 되는 하나만 말해야 한다면 그것은 생명에 대한 경외심과 그 자체가 갖는 존엄성입니다.

물론 의료 일선에서 직접 환자를 대하는 의사들의 인간적인 고뇌와 그들이 맞닥뜨리는 열악한 사회적 현실, 그리고 이러한 지침을 제정하기까지의 고민과 내부 토의 과정을 모두 무시하는 것은 아닙니다. 그것은 의료 지침이 의사 집단의 내부 문제로만 머물 수 없다는 사실입니다. 생명과 윤리의 기본적 틀과 관점은 사회 구성원들이 충분히 납득할 수 있어야 하며, 개인이 포함된 각층의 목소리들을 모으는 수렴 과정을 진지하게 거쳐야 합니다. 필요성이 절박할수록 사회를 향해서 이 문제를 열어 놓고 의사들도 논의 과정에 참여하여 자신들의 의견을 개진하는 과정을 거쳐서 결정했더라면 하는 아쉬움이 있습니다. 생명 윤리는 이 사회를 존재케 하는 최소한의 가치입니다. 이 명제에

대해서 이의를 달 사람은 없을 것입니다.

우리가 의료 지침에 대한 문제점을 지적하기에 앞서 의료인들 역시 우리와 같은 생각과 사고를 가지고 있다는 점을 생각해야 합니다. 환자와 생명에 대한 연민과 경외심은 더 절실할 것입니다. 그럼에도 마치 정반대 편에서 반대의 생각을 가지고 있는 것처럼 오해되거나 곡해되어서는 안 됩니다. 생명의 존엄성에 의문을 달 사람은 없습니다.

우린 생명이라는 주제 앞에서 논리적 타당성, 시대 상황, 효율성이라는 말은 잠시 접고 생각해야 합니다. 출발과 목적지는 같습니다. 길을 택한 이유도 명백히 일치합니다.

의료 현장에서 겪어야 하는 불합리한 모순들, 생명과 환자에 대한 생각, 시대와 생명 윤리 및 가치에 대한 불변의 존엄성…….

이러한 것들에 대한 새로운 정립과 대안으로서의 의견들이 확대되어 다시 하나로 모아지는 계기가 되었으면 합니다.

잔인하지만 희망 있는 4월

T.S. 엘리엇은 '사월은 잔인한 달' 이라고 노래했습니다. 생명의 태동과 자연이 움트는 과정에서의 여러 투쟁들은 치열하지만 겨울을 이기고 아름답게 봄을 맞이하는 노고와 여정을 그렇게 노래한 것입니다.

봄이 봄인 것은 겨울의 매운 기억과 칼바람이 그치고 대신 맑고 향기로운 바람이 아랫녘으로부터 불어오기 때문일 듯합니다.

그 바람에 실려 겨우내 가두어놓았던 계획과 희망도 기지개를 펴고 새로움으로 일어설 수 있기 때문입니다. 그것이 4월이 갖는 상징적 의미이며 봄의 의미입니다.

그런데 요즘의 현실은 봄을 노래하고 희망으로 부풀기에는 너무 답답하고 어둡습니다. 이곳저곳에서 삶에 지치고 불안한 사람들의 함성과 아우성이 들립니다. 현장에서는 아무것도 모르는 아이들이 아빠의 투쟁 구호에 익숙해진 듯 표정 없이 어른들의 모습을 물끄러미 바라보고 있습니다. 한 사람의 노동력에 의존해 생계를 잇고 있는 현실에서 어쩌면 노동자 개인의 일이라기보다는 가족 전체의 일이고, 가족의 집합체가 사회이고 보면 우리 모두의 일이라 해도 지나친 표현은 아닐 것입니다. 인간으로서의 가장 기본적인 의식주가 위협받는 이웃들이 우리 주위에 있다면 봄을 조금은 유보해야 합니다. 나의 봄을 미뤄놓아야 합니다.

세상의 온갖 사물들은 서로 연관성을 가지고 있습니다. 원인과 결과로 태어나고 명멸해갑니다. 우리가 사는 세상은 상호연기(CO-arising), 상호존재(interbeing) 하는 세계입니다. 더불어 살아야 한다는 의미입니다. 나만, 우리만, 가족만이라는 제한적이며 부정적인 생각은 조금만 깊게 들어가면 얼마나 잘못된 것인지를 알 수 있습니다. 지금의 시대가 더욱 힘들고 고된 이유는 몫으로 남겨진 우리의 할 일을 방기하고 미루는 데도 원인이 있습니다.

타인과 나를 철저하게 구분하는 뛰어난(?) 분별력이 귀 기울여야 할 이웃들의 목소리에 고개를 돌리게 합니다. 흔히 구조적인 모순을 지적하곤 합니다. 즉, 근본적인 문제 해결이 선행돼야 한다는 얘기입니다.

맞는 말입니다. 그런데 한번 생각해볼 일입니다. 내가 그 구조 속에서 공동체적 삶을 꾸리는 구성원으로서 최소한의 소양과 책임의식을 갖고 일하나 말입니다.

　공동체라는 그 낱말이 갖는 무게와 엄숙함을 얼마만큼이나 인식하고 있는지 말입니다. 이 시대와 사회를 함께 살아가는 우리에게 간접과 직접을 나누는 것만큼 어리석은 일은 없습니다. 가족 같은 우리의 이웃이 거리에서 직장에서 겨울보다 못한 봄을 맞이하고 있다면 아직 꽃망울을 터뜨려서는 안 됩니다.

　그들과 함께 조금만 봄을 더디 맞는다면 좋겠습니다. 이웃이 꽃을 보고 향기를 맡을 수 있는 여유를 가지고 그들의 자녀들도 얼굴에서 표정이 살아나고 작은 떨림에도 배시시 웃음을 흘리는 아이들로 돌아와서 비로소 아이가 희망이고 미래라는 느낌이 들 때 봄을 노래해도 늦지 않을 것입니다.

　잔인하지만 희망이 있는 4월, 난 4월을 이렇게 부르고 싶습니다.

원효의 화쟁 정신이 필요하다

새해가 밝아오면 저 동해에 떠오르는 태양(太陽)처럼 희망이 넘치고 삶의 의욕이 솟아나는 한 해가 되었으면 하는 소망을 가져봅니다. 분열과 갈등의 늪에서 벗어나 통합과 상생의 화합(和合)에 동참하는 대화합(大和合)이 우리들의 삶의 현장에서 이루어졌으면 합니다.

일찍이 신라의 원효(元曉)는 화쟁(和諍)의 정신과 그 실천을 강조한 바 있습니다. 우리가 갈등에서 벗어나지 못하고 분열을 일삼는 이유는 뿌리를 보지 못하고 잎사귀만 쳐다보기 때문이라고 했습니다. 모두 이기심(利己心)을 버리고 생명의 근원에 돌아갈 것을 갈파하셨습니다. 20세기를 대변하는 아널드 토인비도 21세기에는 세계가 하나의 지구촌 시대로 접어들 것을 예측하고 그 모든 사상과 이념을 아우를 수 있는 큰 정신이 필요한데 불행히도 서양보다는 동양의 도교나 불교 쪽에서 찾아야 한다

고 했습니다.

울리히 슈라이버는 철학자이자 문학자로 현재 독일의 지성(知性)을 대표하는 사람입니다. 그분이 몇 년 전에 우리나라에 왔을 때 원로 문인의 소개로 대담을 나눈 바 있습니다. 그분은 세계의 지성인들이 불교를 평화의 종교라고 여겨 많이 귀의(歸依)하고 있다는 말을 하였습니다. 그 예로 달라이 라마를 말하였습니다. 달라이 라마는 중국에 조국 티베트를 강점당한 뒤 1959년 인도로 망명해 임시정부를 수립하여 50여 년간 티베트의 독립을 호소하면서도 중국에 대한 악의적인 발언을 한 번도 한 적이 없다고 하였습니다.

그러한 비폭력의 배경에는 불교라는 큰 사상의 맥락이 있기 때문이라고 했습니다. 얼마 전 포항에서 시장의 종교 편향을 규탄하는 약 3만 명의 불교인이 모인 규탄 대회가 열렸습니다. 지방에서 이러한 대규모의 모임은 흔하지 않는 예입니다. 그리고 그 모임이 자발적이며 종교에 대한 편향과 갈등을 야기한 시장의 잘못된 종교관에 분개해서 모였기 때문에 군중 심리가 작용할 수도 있었다고 봅니다. 그리하여 과격한 언사와 행동이 일어날까 염려도 되었습니다. 그렇지만 모두 불교 정신에 입각하여 비폭력으로 훌륭히 대회를 치렀습니다. 이 또한 불교의 본질에 벗어나지 않은 좋은 예입니다.

우리는 지금 경제적인 향상도 대단히 중요하지만 그에 못지않게 갈등의 해소라는 문제 앞에 봉착해 있습니다. 지역 간, 계층 간, 이념 간의 벽이 너무 두텁고 골이 깊습니다. 세계는 지구촌 시대로 접어들면서도 정신은 더 좁아지고 아량은 얕아지기만 하는 기이한 현실이 우리를 불안케 합니다. 이제 누구나 냉정하게 반성하면서 편견을 버리는 한 해가 되었으면 합니다. 그러면 행복은 언제나 우리들 곁에 있을 것입니다.

새소리, 물소리, 바람소리 모두가 미묘(美妙) 법문입니다.
알아듣는 귀와 가슴이 없을 뿐입니다. 말에 의지해 진실을
판단하는 우리는 늘 귀한 법문을 놓치고 살아갑니다.

자신의 발아래를 살펴라

— 생활 속 법문

길을 보호할까,
발을 보호할까

 부처님께서 어느 날, 대중이 모인 자리에서 이런 말씀을 하셨습니다.

"우리가 다니는 길에는 돌이라든지 나무 조각, 더러운 물건 등이 널려 있다."

2500년 전의 상황으로 돌아가서 생각해보세요. 지금은 아스팔트를 깔아서 길이 깨끗하지만 2500년 전 인도는 아마 좁고 제대로 다듬어지지 않은 길에 늘 여러 장애물이 많이 널려 있었겠지요. 부처님께서는 바로 그렇게 험한 길을 말씀하신 것입니다.

그런데 지금도 많은 인도 사람은 신발을 신지 않는데 그때도 마찬가지였을 것입니다. 맨발로 다니는데 길에는 여러 가지 위험한 물건들이 널려 있다는 것입니다. 부처님께서는 왜 길에 대한 얘기를 꺼내셨을까요? 부처님은 계속 말씀하십니다.

"자, 어떻게 하면 험한 길을 걸어가는 데 발을 다치지 않겠는가?"

부처님의 질문이 떨어지자 제자들은 여러 가지 의견을 내놓았습니다. 어떤 사람은 짐승의 가죽이나 천으로 덮어서 길을 보호해야 한다는 의견을 냈고, 어떤 사람은 모든 사람들이 길에 떨어진 위험물들을 치워야 한다는 말을 하기도 했습니다. 그러한 답은 모두 현실적으로 합당한 것이 아니었습니다. 부처님께서는 길에서 그 답을 구하면 안 된다고 하셨습니다.

"누구나 스스로의 발을 잘 보호하면 길에 많은 장애가 있을지라도 안전하게 걸어 다닐 수가 있다."

실로 쉬운 답인 듯하지만 신발도 양말도 없던 당시에는 결코 쉽지 않은 일이었습니다. 어떻게 보면 부처님의 이 말씀이 오늘날 신발의 원조가 아닌가 싶습니다만, 이 말씀은 단지 길과 발의 문제가 아닙니다.

길이 험하다고 해서 가지 않을 수 없는 것이 인생입니다. 힘든 일을 피하기 시작하면 언젠가는 더 힘든 상황에 봉착하는 것이 인생입니다. 마찬가지로 아무리 장애가 많다 하더라도 자신에게 주어진 길이라면 가지 않을 수 없는 것이 우리들의 생사윤회(生死輪廻) 과정입니다.

그렇다면 '어떠한 지혜로, 어떻게 힘든 길을 잘 걸어가느냐'라는 문제가 남는데, 그 답이 바로 부처님과 역대 조사들의 가르침입니다. 자신의 발을 보호대로 잘 감싸는 일, 그것이 바로 부처님의 가르침을 제대로 배워서 실천하는 길이고 제불보살님께 귀의하여 바른 생각과 쉼 없는 기도의 마음으로 바른 행동을 유지하며 살아가는 자세인 것입니다.

요즘의 신발은 단순히 발을 장식하는 도구의 기능을 뛰어넘어 패션의 중요한 요소가 되었습니다. 그러나 그것은 신발의 형태와 가치가 달라졌을 뿐 발을 보호한다는 근원적인 기능에는 변함이 없습니다. 우리가 육도윤회(六道輪廻)의 길을 걸어가는 데도 마찬가지입니다.

인연을 따라 이런 모습으로도 변하고 저런 모습으로도 변하지만 궁극적으로 중생이라는 자리에는 변함이 없고, 그 중생심을 다 버리고 초월해야 비로소 자신의 참모습, 진여(眞如)의 자아를 발견하여 대자유의 주인공이 될 수 있다는 점은 변함이 없는 사실입니다.

부처님은 바로 그 점을 가르치기 위해 길에 널려 있는 장애물들에 대한 말씀을 하신 것입니다. 우리들의 주변에도 참으로 많은 장애물들이 널려 있습니다. 그 장애물들을 얼마나 지혜롭게 극복하느냐가 우리들에게 주어진 영원한 숙제입니다.

밤중에 등불을 끈 까닭

10세기경에 중국에 오조 법연이라는 훌륭한 스님이 계셨습니다. 스님이 밤중에 제자 세 사람을 데리고 밤길을 걸어가고 있었습니다. 세 제자는 혜근, 청원, 극근으로 중국 선종사에 한 획을 그었던 인물입니다. 밤길이 어두우니 등불을 켜고 걸어가셨지요. 그런데 갑자기 스님께서 등불을 꺼버렸습니다.

"지금 어두운 길에 불빛을 비추고 걸어가다가 불빛이 꺼졌다. 이럴 땐 어떻게 하면 좋겠느냐?"

불을 꺼버린 스승의 질문 앞에 제자들은 각기 다른 대답을 했습니다.

혜근은 "채봉이 붉은 싸락눈이 되어 춤춘다(彩鳳舞丹霄)"라고 했고, 청원은 "쇠뱀이 고로에 누웠다(鐵蛇橫古路)"라고 했습니다. 하지만 스승은 이들의 대답이 마음에 들지 않았습니다. 이어 원오극근(圓悟克勤) 선사가 대답했습니다. 원오극근 선사는 《벽암록(碧巖錄)》을 저술한 유명한 선지식입니다.

"나의 발밑을 보겠습니다(看脚下)."

원오극근의 대답에 스승은 만족해했습니다.

'조고각하(照顧脚下)' 라는 말은 여기서 유래한 듯합니다. '발 아래를 살핀다' 는 것은 참으로 의미 있는 가르침입니다. 우리는 자신의 발아래에 널려 있는 허물들을 살피지 못하고 눈을 먼 곳으로 둔 채 허황된 것들을 가지려고 애씁니다. 지금 자신의 발아래에 어둠을 살펴서 안전하게 걸어가는 일이 더 중요한데도 말입니다.

부처님께서 길 위의 장애물에 관심을 갖기보다는 자신의 발을 보호하는 일이 먼저라고 하신 것과 원오극근 선사의 발아래를 살피겠다는 말은 우리에게 지혜로움이 무엇인지를 가르치고 있습니다.

세상을 바라보는 눈을 외부로 돌리지 말라는 말입니다. 남이 나를 위해서 무엇을 해주기를 바란다든지, 주변 상황이 나를 위해서 변해주기를 바라지 말라는 말입니다. 문제의 원인을 자신에게서 찾고, 스스로 변해야 한다는 것입니다.

길을 감싸려고 하지 말고 내 발을 보호하라는 말은 나에게서 원인을 찾고 스스로 변화해갈 때 모든 문제는 해결된다는 큰 가르침입니다. '발아래를 살피겠다' 는 말은 무엇을 뜻합니까? 어

두울 때 발밑을 살피며 스스로 조심해야 한다는 말입니다.

사람들은 길을 걷다가 넘어지면 흔히 자기가 잘못해서 넘어 졌다고 여기지 않고 언덕이 가팔라서 넘어졌다고 말합니다. 언 덕이 가파르지 않으면 장애물 때문에 넘어졌다고 하고, 장애물 이 없으면 신발이 미끄러워 넘어졌다고 합니다. 내 탓으로 넘어 졌다고 하지 않고 문제를 자꾸 외부 탓으로 돌린다는 겁니다.

"잘되면 자기의 능력이고, 못되면 조상 탓이다"라는 말은 어 리석은 사람, 변명을 늘어놓는 사람들을 두고 생긴 말입니다. 이는 결코 불교적인 자세가 아니며, 불교적인 세계관도 인간관 도 아닙니다. 불교적인 세계관과 인간관은 원인을 외부에서 찾 지 않고 자신의 내부에서 찾아 스스로가 변화함으로써 생사고 락의 근본 문제를 해결해나가는 것입니다.

경기도 청계사에 우담바라가 피었을 때, 김대중 대통령께서 경주를 방문하셔서 자리를 함께 할 기회가 있었습니다. 그때 김 대통령께서 이런 말씀을 하더군요.

"우담바라가 피었다고 하는데, 사실입니까?"

그래서 내가 아는 대로 말했습니다.

"우담바라는 3000년 만에 한 번씩 핀다고 합니다. 하지만 3000년이라는 시간이 중요한 것은 아닙니다. 성자가 출현한다 든지, 나라에 경사가 생긴다든지, 이상적인 통치자가 출현할 때 핀다고 합니다. 청계사에서 우담바라가 핀 까닭은 대통령께서

노벨 평화상을 받은 일이나, 냉전체제로 있던 남북이 평화 협력
으로 나가는 등 우담바라가 피울 만한 시대이기 때문이라고 봅
니다.”

우담바라는 사실 이상적인 꽃입니다. 이상적인 꽃이기 때문
에 받아들이는 사람에 따라 우담바라가 될 수도 있고, 한낱 들
꽃이 될 수도 있는 것입니다.

우담바라가 부처님 얼굴에 피었다 해도 대중이 공양을 올린
다든지, 법회를 봉행한다든지, 기도를 올린다든지, 참회를 한다
든지 등 우리 스스로가 변화할 수 있는 기회로 삼지 못한다면
의미가 없습니다.

청계사에서 부처님의 얼굴에 핀 우담바라 꽃을 기점으로 우
리들의 신심을 일깨우고, 또 자신의 내면을 발견하는 기도와 공
양을 올림으로써 중생이 부처님의 세계로 가는 계기를 삼은 것
은 참으로 훌륭한 일이 아닐 수 없습니다. 깨달음의 길을 갈 수
있는 계기를 마련했다는 점에서 청계사에 핀 우담바라 꽃이야
말로 3000년 만에 한 번 핀다는 상서로운 꽃, 오히려 그 이상의
의미가 있다고 생각합니다.

제가 우리 시대의 큰 시인인 고은 선생께 우담바라를 찬양하
는 시를 부탁했습니다. 그런데 이분께서 주저하시더군요. 왜냐
하면 청계사 부처님에서 핀 꽃이 우담바라인지 자신이 없기 때
문이랍니다. 그래서 제가 부산 범어사에 전해오는 명학 동자 일

화를 이야기해줬습니다.

명학 동자가 범어사에서 동자로 있을 때 일화입니다. 범어사
는 큰 절이고 많은 스님들이 계셔서 스님마다 동자승을 상좌로
데리고 있었습니다. 명학 동자의 은사인 스님은 연세가 많고 절
에 오래 계시기는 했지만 수행이 안 되신 분이셨습니다. 스님은
동자를 한시도 가만두지 않고 나무해라, 나물 뜯어오라, 도량
청소하라는 등 늘 일만 시킬 뿐 한 번도 동자를 위해 공부하라
는 말을 하지 않았습니다.

산에 나물이 많이 난 어느 봄날이었습니다. 스님은 명학 동자
에게 다른 상좌들도 나물을 뜯으러 가니 너도 가서 뜯어 오라고
했습니다. 그래서 산에 나물을 뜯으러 갔습니다. 그런데 산에서
고사리를 뜯으니 새싹에서 물이 솟아나는 거예요. 그러면 우리
는 새싹에서 솟아나는 물이라고 단순하게 생각할 텐데 명학 동
자는 그게 아니었어요.

거기서 하나의 생명체를 발견한 겁니다. 고귀한 생명체를 어
떻게 끊을 수 있겠느냐는 거죠. 그래서 하루 종일 그 자리에서
명상만 하다가 저녁에 산을 내려왔어요. 나물을 하나도 못 뜯었
지요. 그러니 스승은 나물은 뜯지 않고 놀다만 왔느냐며 야단을
쳤습니다. 그 일이 있고 난 뒤 명학 동자는 은사 스님을 떠나 다
른 곳에 가서 수행하여 큰 도인이 됐다는 얘기입니다.

수승(殊勝)한 근기를 타고난 사람은 하찮은 봄나물 한 줄기

에서도 생명체를 발견할 수 있지만, 보통 사람은 그렇지 못합니다. 우리가 길을 가다가 발에 돌이 차였을 때, 어떻게 생각하느냐에 따라 상황은 달라집니다.

어떤 사람은 길을 가다가 돌에 차여 발이 아프면 운수가 없다고 생각할 수 있습니다. 한편 여기에서 다른 생각을 할 수도 있는 겁니다.

어떻게 생각하느냐? 한낱 돌에 부딪혀 상처가 나서 걸음을 못 걷는다면 이 몸이 무상하기 짝이 없구나, 즉 인생의 무상함을 생각할 수 있는 겁니다. 이를 통해 새로운 발심을 해서 수행하는 선각자들도 많이 있습니다. 그러면 그 사람에게는 길을 가다가 차인 돌이 단순한 돌이 아니라 부처님 같은 거룩한 것으로 비칠 수 있는 겁니다.

그렇기 때문에 우담바라가 진짜인지가 문제가 아니라 우담바라를 통해 우리가 사람들의 신심을 일깨우고, 발심을 하며, 새롭게 변화한다고 할 때 진정한 우담바라라고 할 수 있는 겁니다.

수행 방법에는 여러 가지가 있지만, 진언을 외우는 방법도 있습니다. 진언은 우리가 이해하지 못하는 구절로 돼 있습니다. 《반야심경》의 마지막 구절인 '아제아제 바라아제 바라승아제 모지사바하'도 마찬가지입니다.

이것이 《반야심경》의 진언인데, 번역을 하지 않는 이유는 해석을 하면 한계가 있기 때문입니다. 더는 신심을 낼 수 없기 때

문이죠.

'해석을 하지 않고 여기에는 무한한 신비력이 있다', '이것을 통해서 소원을 성취할 수 있다', '이것을 통해 가피를 얻을 수 있다'라고 생각하기 때문에 진언을 번역하지 않는 겁니다. 그리고 진언의 신비력을 믿고 진언을 열심히 하면 일이 성취되는 것도 사실입니다.

《천수경(千手經)》 가운데 '옴 마니 반메 훔'이라는 진언이 있습니다. 누군가가 한 사람에게 '옴 마니 반메 훔'을 많이 외우면 당신이 생각하는 원(願)이 성취될 테니 무조건 믿고 외우라고 권했습니다.

그런데 이 사람이 이 말을 믿고 열심히 외웠더니 자기가 원하는 대로 다 되거든요. 그 후 두 사람이 다시 만나게 되었습니다. 진언을 가르쳐 준 사람이 요즘도 열심히 하느냐고 묻자 진언을 한 다음부터 집안에 재앙이 없어지고 모든 일이 잘 이뤄진다고 말했지요. 그래서 한번 해보라고 했는데, 이 사람이 가르쳐준 대로 하지 않고 '옴 마니 아니 훔'이라고 외우는 겁니다.

그러나 이 사람은 진언에 신비력이 들어 있어 자신의 소원을 성취할 수 있다고 믿었기 때문에 잘못 외웠지만 신심을 통해 모든 일을 성취할 수 있었던 겁니다. 하지만 진언을 바로잡은 뒤에는 성취가 잘되지 않았습니다. 이미 진언의 옳고 그름에 끄달리는 마음이 일어 순수한 믿음이 사라져버린 탓이지요.

발아래를 잘 살피고 발을 잘 보호해야 하는 이유는 자신의 생활 속에 피어나는 우담바라를 스스로의 꽃으로 만들어가는 지혜와 덕상을 갖추는 일이기 때문입니다.

진정한 보살의 길

절에서 많이 듣고 쓰는 말 가운데 '보살(菩薩)'이란 말이 있습니다. 여성 신도들이 "아무개 보살님"이라고 부르거나, 관세음보살님·지장보살님·보현보살님 등 여러 보살님을 향해 기도하기도 합니다.

그런데 이렇게 자주 쓰는 '보살'이란 말에 대해 정확하게 이해하고 있는 분들이 그리 많지 않습니다. 보살이라는 말은 누구를 호칭하는 인칭대명사가 아닙니다. 그 말속에는 참으로 크고 넓은 의미가 들어 있습니다. 불교의 수승한 가르침이 들어 있는 것입니다.

보살이란 주로 대승불교 이후에 많이 등장합니다. 부처님은 성불하신 후 45년 동안 설법을 하셨습니다. 인간의 가장 바른 삶을 가르치셨고 가장 완전한 인격을 갖추는 길, 모든 중생이 다 성불하여 부처가 될 수 있다는 확신과 그를 위한 수행의 길,

부처의 길을 가르치셨습니다.

그런데 부처님께서 열반하신 후 불교는 점차 개인 구원의 종교로 모습이 바뀌어갔습니다. 개인이 성불한 뒤 일체중생을 구제하는 것이 아니라 개인의 구원에 초점을 맞춘 수행만 유행하게 된 겁니다. 그렇게 500여 년이 지난 후에 대승불교 운동이 일어났습니다. 부처님의 가르침으로 되돌아가자는 운동이었습니다.

모두가 하나의 불성을 가지고 있고 모든 중생이 하나의 생명을 가지고 있으므로 부처가 되기 위해 노력해야 한다는 적극적인 종교 운동이 대승불교 운동입니다. 이때부터 보살이란 개념이 형성되어 불교의 중요한 정신적 근간을 이루고 있습니다.

보살이란 '상구보리 하화중생(上求菩提 下化衆生)'을 하는 존재입니다. '위로는 보리를 구하고, 아래로는 중생을 교화한다'는 의미입니다.

자신의 성불을 위한 수행과 이웃의 구제를 위한 자비행을 함께 하는 존재가 바로 보살입니다. 그러므로 "아무개 보살님"이라고 부를 때는 이런 보살의 본래 의미도 포함되어 있습니다. "자신의 깨달음을 구하고 이웃의 구제를 위해 살아 있는 아무개님"이라고 부르는 것과 같은 뜻입니다.

그렇기 때문에 그렇게 부르는 사람은 상대방이 그런 정진과 자비의 생활을 할 것을 믿는 것이고, 부름을 당한 사람이 그 부름에 대답할 때는 정진과 중생구제의 서원을 가지고 있다는 것을 공지하는 일입니다.

부처님의 가르침을 배우기 싫고 이웃을 위해 자비행을 베풀기 싫은 사람은 절에 와서 누가 "아무개 보살님"이라고 부를 때 "나는 보살의 길을 원하지 않으니 그렇게 부르지 마시오"라고 말해야 할 겁니다. 그렇지만 불자님들 가운데 그런 사람은 없을 것이라 믿습니다.

보살이란 각유정(覺有情), 즉 생명의 근원을 깨달은 사람이라는 뜻입니다. 자기 본질을 깨닫고 나서 이웃에게 정신적 삶을 확산시키지 않으면 자리(自利)에 속하고 맙니다. 오도적 삶을, 그리고 비원(悲願)을 중생 속으로 확산시킬 때 그 삶이 보살의 삶이 됩니다.

'자미도(自未度) 선도타(先度他).' 자기는 제도하지 못하지만 남을 먼저 제도해야겠다는 보살의 비원이며 정신입니다.

보살이라는 존재는 정진과 구원의 원력을 가진 존재입니다. 보살에는 구도자적 입장의 보살이 있고, 구세자(救世者)적 입장의 보살이 있습니다. 구도자적 입장의 보살은 바로 우리입니다. 스님도 포함될 수 있고 신도들도 포함될 수 있습니다. 모두 구도의 길을 걷고 있지만 늘 자비행을 잊지 않고 실천하는 존재입니다. 구세자적 입장의 보살은 이미 상구보리(上求菩提)를 다 이루고 하화중생(下化衆生)을 위해 자신의 성불을 뒤로 미룬 보살입니다.

지옥중생이 모두 성불하기까지 한없는 구원행(救援行)을 하겠다는 원(願)을 세운 지장보살님, 천수천안(千手千眼)으로 일체중생의 고통을 어루만져 주시고 갖가지 모습으로 중생의 곁에 나타나 도움을 주시는 관세음보살님, 지혜의 화신인 문수보살님, 끝없는 정진과 서원의 보현보살님 등 많은 보살님들이 중생 구제를 위해 자신의 성불을 뒤로 미룬 채 중생계를 살피고 계십니다.

엄밀하게 따진다면 보살을 두 가지로 나누어 말하는 것은 잘못입니다. 자기완성(成佛)과 중생구제를 함께 해나가는 것이 보살인데, 두 가지로 나누어 설명하는 이유는 이해를 쉽게 하기 위한 방편일 뿐입니다. 그러므로 우리는 자신의 정진과 이웃을 위한 이타행(利他行)을 함께 해나가야 합니다. 그 두 길을 하나로 인식하고 걸어갈 때 진정한 보살의 원력행이 성취될 수 있습니다.

구도자적인 보살은 다시 몇 가지로 나누어 설명할 수 있습니다. 보살행의 단계를 알아야 하는 이유는 갈 길을 미리 잘 파악한 사람이 정확하고 빠른 길로 목적지에 닿을 수 있는 것과 같습니다. 길을 알지 못하면 바로 갈 수가 없습니다.

먼저 초발의 보살이란 단계가 있습니다. 처음 뜻을 냈다는 의미입니다. 처음으로 부처님의 가르침에 귀의하고 우주적인 진

리의 근본이 자신에게 있다는 사실을 깨달은 사람은 무엇보다 자신이 수행할 것을 다짐하고 수행과 더불어 이웃을 위해 자비를 베풀겠다는 마음을 냅니다. 그렇게 보살의 길을 가겠다고 원력을 세운 단계가 초발의 보살입니다.

우리가 만나는 많은 사람들이 다 초발의 보살 단계에 있습니다. 여러 불자님들도 초발의 단계에 있는 보살님들이라 해야 할 것입니다. 이 첫 단계에도 아무나 들 수는 없습니다. 참으로 큰 인연을 얻어야 합니다. 삼보에 귀의하는 일이 얼마나 큰 인연과 공덕에 의해 가능한지는 여러분들도 잘 알고 계실 겁니다.

초발의 보살도 이미 보살로서의 길을 보고 느낀 이상 분명한 보살입니다. 다만, 그 행동에 많은 정진이 필요합니다. 위로 진리를 구하고 아래로 중생을 제도하기 위해서는 무엇보다 힘을 길러야 하는데, 그 힘이 바로 원력입니다. 초발의 보살은 원력을 잃어버려서는 안 됩니다. 무엇이든 원력을 반듯하게 세워놓고 실천할 때 공덕이 되기 때문입니다.

초발의 보살이 보살도를 이루기 위해 가장 근본적으로 가져야 할 원력은 육바라밀, 즉 보시 · 지계 · 인욕 · 정진 · 선정 · 지혜입니다. 이 여섯 가지 덕목은 바로 자신과 이웃의 성불을 위한 실천행입니다. 그래서 대승 정신이 가장 잘 드러나 덕목이라고도 합니다.

대승의 정신이란 일체중생이 함께 성불로 나아가도록 하는 것입니다. 육바라밀은 바로 자기 한 사람만을 위한 것이 아니라 중생 전체의 이익과 공덕을 위한 실천의 지침입니다.

보시는 남을 위해 내 것을 나누는 것이고, 지계는 생활의 질서를 바로잡는 것입니다. 인욕은 성내지 않는 너그러운 마음을 지키는 것이고, 정진은 부지런히 노력하는 것입니다. 또한 선정은 산란하지 않은 생활을 꾸려가는 정신력이고, 지혜는 헛된 것에 사로잡히지 않고 바른 삶을 살아가는 힘입니다. 이렇게 볼 때 이 여섯 가지 덕목은 바로 자신과 확대된 자아, 즉 사회를 위해 반드시 필요한 생활의 지침이기도 합니다.

보살의 길이란 바로 정당하고 반듯한 중생의 길을 걷는 데서 비롯되고 있음을 분명히 알아야 합니다. 그러기 위해 언제나 육바라밀의 덕목을 잊지 말고 실천해야 합니다. 보살의 길은 결코 쉽게 갈 수 있는 길이 아닙니다. 무한한 노력과 물러서지 않는 용기가 필요합니다. 그래서 초발의 단계를 넘어서면 불퇴전의 단계에 이른다고 합니다.

불퇴전이란 물러서지 않는 것입니다. 육바라밀을 잘 실천하여 초발의 보살도를 이상 없이 간다고 하여도 언젠가는 그 길에서 난관에 부딪히게 됩니다. 수시로 찾아드는 번뇌와 망상들이 자신을 현혹합니다. 어려운 보살의 길을 포기해버리고 현실에 적당히 타협하여 편안하게 살고 싶은 욕망도 치솟습니다. 이러한 갈등으로부터 자유로워지지 않으면 궁극적인 보살도는 이룰

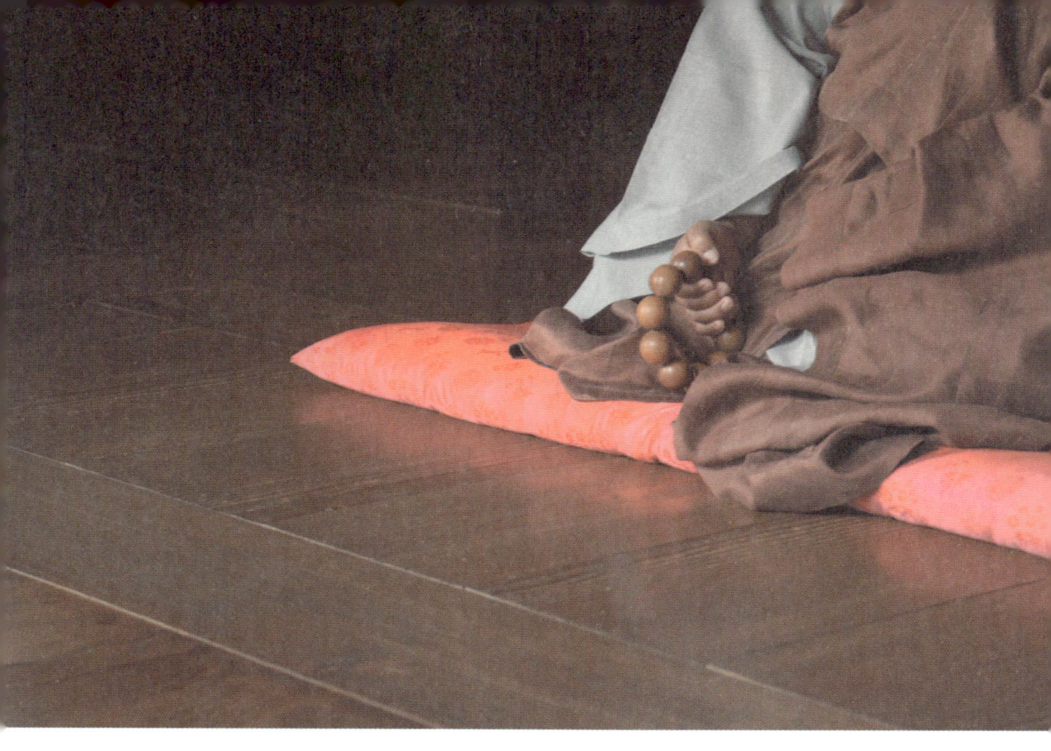

수 없습니다. 후퇴해버리기 때문입니다. 불퇴전의 단계란 바로 찾아드는 모든 망념과 번뇌, 유혹으로부터 자유로워지는 것입니다. 이를 위해서는 자신의 원력과 부처님의 가르침에 대한 흔들림 없는 믿음이 필요합니다.

그렇게 불퇴전의 단계를 지나면 일생보처보살의 단계에 이르는데, 이 단계는 자신의 성불을 다음 생에 확약받는 것입니다. 이미 위로 진리를 구하고 아래로 중생을 교화할 수 있는 보살의 여건을 다 갖추었을 뿐만 아니라 그 조건에 어긋남이 없는 실천을 한 공덕으로 성불의 지위를 확보한 단계라고 생각하면 됩니다.

초발의 보살과 불퇴전의 보살은 구도자적인 단계에 있는 보살이고, 일생보처보살은 구도자적 보살에서 구세자적 보살로 향상되어 가는 단계입니다. 우리는 아직 초발의 보살 단계에 있지만, 성불도 가능합니다. 그러므로 열심히 정진하여 보살의 길을 남김없이 성취해야 합니다.

청계사 관세음보살님의 얼굴에 우담바라가 핀 까닭은 초발의 보살 단계에 있는 우리들이 세상의 다사다난한 일상에서 나약하거나 게을러지지 말고 부지런히 수행 정진하라는 관세음보살님의 법문이 아닐까 생각합니다. 관세음보살님은 구세의 보살입니다. 그러므로 요즘처럼 복잡한 인간 세상을 살아가는 우리에게 더욱 힘을 북돋우어 주시기 위해 21송이의 꽃을 피워 보이심으로써 그 한량없는 자애로움을 드러내신 것이라 믿습니다.

관세음보살은 중생을 제도하기 위해 구체적 기능을 많이 가지고 계십니다. 중생이 고통받고 있는 것을 살피고, 그 신음소리를 듣기 위해 천수천안을 가지고 있으며, 다양한 삶을 살고 있는 사람들을 제도하기 위해 32응신을 가지고 있습니다.

32응신은 자신의 모습을 자유 자재하게 나타내는 서른두 가지의 몸을 말합니다. 그래서 관세음보살은 때론 백의(白衣)를 입기도 하고, 때론 거지로, 또는 높은 지위를 갖고 있는 벼슬아치의 모습으로 우리 곁에 오실 때도 있습니다.

신라의 선수(善秀) 스님은 경주를 다녀오다가 길가에서 산통

(産痛)이 시작되는 임부를 만났습니다.

그녀는 옷도 제대로 입지 못해 살을 드러낸 채 추위에 떨고 있었습니다. 이때 선수 스님은 입고 있던 장삼을 벗어 임부에게 덮어주었습니다. 그 덕택에 그녀는 아이를 낳을 수 있었습니다.

그리고 중국의 변중암 거사는 어머니의 49재를 올리기 전 기도를 열심히 했습니다. 재를 올리기 전날 밤에 어머니가 꿈에 나타나 지장기도의 영험으로 왕생극락할 수 있었다면서 염불하는 스님들 가운데 부엌에 가서 밥 짓는 일을 도와준 스님이 관세음보살이니 친견하라고 말했습니다.

재를 올리는 날 변중암 거사는 어머니 말대로 염불하는 스님들을 살폈고, 스님 가운데 한 분이 자리에서 일어나 부엌으로 가는 모습을 보았습니다.

부엌에 가보니 정말 땀을 흘리며 열심히 일을 하고 있었습니다. 그러나 곁으로 다가서자 어느새에 사라지고 없었습니다.

여러분의 마음에 원력이 깊고 정성이 간절하면 관세음보살을 우리 곁에서 친견할 수 있음을 잊지 마십시오. 그리고 여러분이 관세음보살이 되십시오.

'출(出)'과 '발(發)'

 출발점이 있습니다. 출발점은 시간적 개념일 수도, 공간적 개념일 수도 있습니다.

'시작이 어디서부터 비롯되었는가' 라는 문제는 과정과 결말에 영향을 주기에 신중하게 그 처음을 정합니다.

불교는 부처님의 가르침입니다. 부처님을 믿는 것뿐만 아니라 가르침을 따라 실천하는 것입니다.

보편적 신앙의 대상으로서 회자되는 '믿음' 은 '신심(信心)' 과 구별 지어야 합니다. 한자를 우리말로 풀었을 때 믿음과 신심은 그다지 차이가 없어 보입니다. 따로 설명할 필요 없는 '믿는 마음' 입니다. 그러나 '무엇을 믿는가' 라는 질문에 대답은 여러 갈래로 나뉩니다.

여러분은 무엇을 믿습니까? 어디로 향한 신심입니까? 믿음의 대상은 밖에 있습니까, 안에 있습니까? 보입니까, 보이지 않습니까?

가고 옴이 한 동작에 일어납니다. 찰나의 순간을 알아차리면 오고가는 것을 모두
볼 수 있습니다. 그러나 눈을 뜨고도 가는 것만 보는 사람, 오는 것만 보는
사람이 있습니다. 이 사람들은 옥신각신 싸웁니다. '오는 것이다', '가는 것이다'.
오고감이 한 동작에 일어남에도 놓친 순간에 어떠한 일이 일어났는지 알아채지
못하고 지금 본 것이 전부라고 생각합니다.

어디서부터 출발해야겠습니까? 부처님에 대한 믿음, 더 정확하게 말해 부처님께서 설하신 가르침에 대한 믿음이라면 그 신심의 견고함에 의지해 실천의 당위성이 부여된다면 그 가르침의 출발점을 어디서 찾아야 할지에 대해 신중히 생각해보아야 할 것입니다.

'출(出)'은 '나가다, 벗어나다'라는 뜻입니다. '벗어나다'의 의미로 해석했을 때 '어디로부터, 무엇으로부터 벗어나다, 나가다'의 뜻이 됩니다. 그렇다면 어디로부터, 무엇으로부터 벗어나는 일이겠습니까? 그것은 고통으로부터의 벗어남입니다. 바꾸어 말하면 행복에 도달하는 것입니다. 고통과 번뇌를 벗어나 행복의 상태에 이르는 것입니다. 부처님의 가르침은 번뇌를 여의고 고통으로부터의 벗어남에 대한 의문으로부터 시작합니다.

팔만사천 모든 법문이 고통에 대한 해답의 제시입니다.

바로 그것이 불교의 출(出)입니다.

그러나 벗어남의 열망만으로 행복해질 수는 없습니다.

그렇다면 '出' 하기 위해, 벗어나기 위해 어떻게 해야 할까요? '出' 하기 위해 무엇이 필요합니까? 그것은 '발(發)'입니다. '發'을 음훈으로 보면 '필 발'입니다.

'싹이 돋는다'라고 할 때 '발아(發芽)' 한다고 합니다. 핀다는 의미로서의 발입니다.

흔히 사용하는 말 가운데 '발심(發心)'이라는 단어가 있습니

다. ‘마음이 핀다.’ 언뜻 이해가 되지 않습니다. 그렇다면 여러분께서 잘 아시는 ‘발아뇩다라삼냑삼보리’ 라는 구절을 생각해 보시기 바랍니다. 우리가 사용하는 발심은 ‘발아뇩다라삼냑삼보리심’ 에서 ‘발보리심’ 이 되고, 다시 ‘발심’ 이라는 말로 줄어든 어휘입니다. 즉, 발심은 발아뇩다라삼냑삼보리의 뜻을 내포하고 있습니다. ‘발심한다’ 라는 말은 ‘깨닫고자 하는 마음을 낸다’ 는 의미입니다.

여기서 우리는 참으로 묘하고 아름다운 의미로서의 ‘發’ 을 보게 됩니다. ‘필 발’ 을 옮긴 그 마음을 찬찬히 더듬어보면 깊은 의미에 감탄하게 됩니다.

꽃이 피었습니다. 누가 그 꽃을 피게 했을까요? 외부의 누가 그 꽃잎을 열어 강제로 꽃망울을 터뜨렸을까요? 꽃은 안으로부터 피어났습니다. 바깥의 온도와 햇빛, 적당한 자양분의 조건에서 스스로 피운 것입니다. ‘발화(發花)’ 한 것이며, ‘발아(發芽)’ 한 것입니다. 우리가 내는 ‘발심’, 즉 발보리심은 타인에 의해 내어지는 것도, 누가 가져다주는 것도 아닌 내부의 참회와 각성을 통해 피어납니다. 외부의 조건은 부처님의 가르침입니다. 그것을 조건으로, 바탕으로 내 스스로 ‘發心’ 하는 것입니다.

주어지는 것이 아니라 이루어내는 것입니다. 기도와 수행을 통해 내 마음속에는 보리심이 피어오르고, 그 보리심이 열매가 될 때까지 수행과 신심의 조탁은 멈춤 없이 지속되어야 합니다.

부처님을 믿는 것만으로는 부족합니다. 그것만으로 '발심'을 기대할 수는 없습니다.

참다운 불자는 '신심'으로 실천하며 '발보리심' 하고 그 열매를 중생에게 회향하고자 하는 사람입니다.

불교의 '出'은 고통으로부터 벗어나고자 하는 의지, '發'은 아뇩다라삼냑삼보리를 향한 스스로의 실천이며 그 열매의 이로움을 함께 나눈다는 다짐입니다. 그 과정에 대한 성찰까지 소홀하게 하지 않는 것, 바로 불교의 출발입니다.

진정으로 구하면 다 성취된다

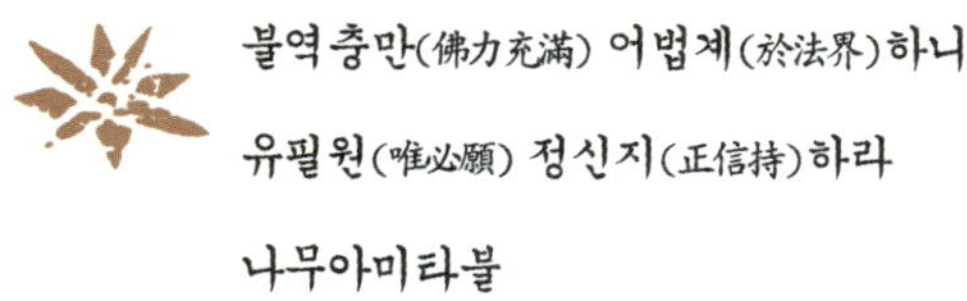

불역충만(佛力充滿) 어법계(於法界)하니

유필원(唯必願) 정신지(正信持)하라

나무아미타불

'부처님의 가피력(加被力)은 우주법계에 가득하니 누구든지 부처님께 원하는 바가 있어 진정으로 구하고자 하면 모두 성취된다' 는 뜻입니다.

문제는 '바른 믿음' 을 가지고 부처님께 소원을 구해야 된다는 말씀입니다. 여기에서 바른 믿음이란 수행자의 평소 소신과 부처님의 가르침을 어느 각도에서 보느냐에 따라 다를 수 있지만, 부처님의 기본 가르침에 입각해서 볼 때 바른 믿음은 팔정도를 중심으로 한 믿음이어야 합니다.

부처님께서 우리들에게 바르게 살아야 할 여덟 가지 길을 가르쳐 주셨습니다. 바로 팔정도입니다. 팔정도의 첫 번째는 정견(正見)입니다. 정견, 즉 바른 견해는 매우 중요합니다. 바른 견해가 있을 때 비로소 바른 생각이 들고, 바른 생각이 있을 때 바른 언어가 구사됩니다. 그렇지요. 좋은 생각을 가지고 있는 사람이 말을 함부로 하진 않습니다. 그 마음처럼 바른 말을 하게 됩니다.

그래서 말은 인격의 표현이라고도 합니다만, 이렇듯 바른 견해가 바탕이 됨으로써 바른 생각을 하게 되고 또 바른 언어를 구사한다는 말씀입니다. 이것은 팔정도 가운데에서도 우리의 이성을 높여주는 가르침이라고 할 수 있습니다.

정견(正見), 정사유(正思惟), 정어(正語)가 바르게 되지 않으면 이성을 가진 지성인이라고 할 수 없습니다.

그다음 세 가지는 정업(正業), 정명(正命), 정정진(正精進)입니다.

정업은 바른 행위, 정명은 바른 생활, 정정진은 바른 노력을 말합니다. 이 세 가지는 앞의 이성을 바탕으로 한 실제 생활에서의 의지 표현이라고 볼 수도 있습니다. 앞의 세 가지가 바탕이 되었을 때 바른 행위가 될 수 있고, 바른 생활이 될 수 있으며, 바른 노력이 나올 수 있습니다. 이것은 이상을 착실히 한 위에서 의지 표명이라는 행위력이 나온다는 뜻입니다.

그리고 마지막 두 가지는 정념(正念)과 정정(正定)이지요.

정념은 바른 기억, 정정은 바른 생각 즉 정신적으로 안정된 생각을 말합니다. 정념과 정정이 제대로 연마되면 최고의 정신

적 가치를 창조하는 경지에 가게 되고 일상생활을 통해서 삼매를 증득할 수 있습니다.

이처럼 바른 믿음은 팔정도가 기반이 될 때 생겨납니다. 팔정도가 바르게 실천될 때 바른 믿음은 저절로 이루어지고, 바른 믿음이 되었을 때 부처님의 가호는 언제든지 받을 수 있으며, 생활을 통해 가피력을 실현할 수 있습니다.

옛날에 어떤 분이 한 노파에게 《금강경》의 네 구절을 읽어주었습니다. 《금강경》은 대승 경전으로 실천적인 면을 아주 강조하는데, 중요한 구절이 많이 나옵니다.

예를 들어 '응무소주(應無所住) 이생기심(而生其心)', '약이색
견아(若以色見我) 이음성구아(以音聲求我)' 등이 《금강경》에 실려
있습니다. 《금강경》에서는 이 경전을 모두 독송하면 좋지만 그
중 한두 구절만 소리 내어 읽고 외워도 공덕이 된다고 했습니다.

그래서 노파에게 '응무소주 이생기심'을 가르쳐드린 겁니다.
'응무소주 이생기심', 이 두 구절은 상당한 의미가 있습니다.
《금강경》 전체를 흐르는 사상은 '인간의 생각으로 사물을 보지
말라'는 겁니다. 인간의 잣대로 사물을 보지 말라는 이유는 자
기의 잣대로 사물을 보기 때문입니다.

그렇지요. 자기중심으로 보면 편견을 갖게 됩니다. 그러면 사
물을 있는 그대로 보지 못하는 우(愚)를 범하게 됩니다. 그래서
《금강경》 전체를 흐르는 사상은 무집착입니다. 집착을 떠나라!
그리고 네 가지 상을 파하라! 네 가지 상이란 중생이 가지고 있
는 두터운 중생의식입니다. 이런 것을 파하라는 것이지요. 중생
의 사고방식, 중생의 잣대를 버리고 부처님의 텅 비운 공의 자
세에서 사물을 보라는 겁니다. 이것이 《금강경》의 핵심입니다.

'응무소주 이생기심'도 그러한 사상이 바탕이 되는 말입니
다. 어떤 사물이든지 대상에 머무르지 말고 마음을 내라는 말이
지요. 중생이라는 처지를 떠나서 마음을 활용하라는 말입니다.
그래서 '응무소주 이생기심'만 열심히 외우면 할머니가 원하는
대로 이루어질 것이라고 했지요.

일부 불자들은 부처님을 통해서 뭔가를 얻어야겠다는 생각을 합니다. 그 태도가 결코 나쁜 것은 아니라고 생각합니다. 처음부터 인간적인 입장을 다 버리고 부처님을 믿으라고 할 수는 없는 일입니다. 무리이지요.

어느 정도 인간적인 입장을 배려해서 부처님 가르침으로 인도하는 것이 방편상의 도리라고 생각합니다. 그렇기 때문에 유루복(有漏福)을 이야기합니다. 즉, 세상 사람들이 바라는 복을 많이 이야기하기도 합니다. 사람들이 바라는 소원성취라 해도 좋고 쾌락이라 해도 좋겠습니다. 이것을 구하려는 마음이 바탕에 깔려 있지요. 하지만 부처님의 가르침이 그 수준에 머물지는 않았다는 점은 확실히 알아야 합니다.

불교가 이어져 오면서 흥망성쇠가 많았습니다. 중앙아시아가 예전엔 불교 국가였지만 지금은 거의 자취를 감추었고, 중국에서도 한때는 불교가 중흥했지만 공산화되면서 쇠퇴했습니다. 다행히 중국의 불교는 다시 일어나고 있습니다.

중국에는 55개의 소수민족과 한족이 살고 있습니다. 중국의 10억 명가량의 인구 가운데 9억 명이 넘는 인구가 한족이고, 소수민족은 1억 명이 채 되지 않습니다. 이들 소수민족은 다양한 종교를 믿지만, 한족은 대부분 불교적인 취향을 갖고 있어 불교로 돌아오고 있다고 합니다. 그래서 중국의 불교는 희망적이며 옛날의 영광을 재현할 거라고 봅니다.

부처님의 법이 단순히 복과 쾌락을 구하는 입장에 머무른다면 2500년이 넘도록 내려올 수 없었을 겁니다. 부처님의 법은 시간과 공간, 민족을 초월해서 우리 인류가 가야 할 길을 가르쳐주신 진리의 말씀입니다.

그렇기 때문에 그동안 불교가 흥하기도 하고 쇠퇴하기도 했지만, 지구상에서 영원히 멸망하지는 않습니다. 왜냐하면 인류가 가야 할 진리의 말씀을 담고 있기 때문입니다.

시대에 따라서 변화는 있으리라 봅니다. 그런데 요즘 다행히 선진 7개국에서 불교를 받아들이고 있습니다. 프랑스, 이탈리아, 독일, 영국 등에서 많은 지성인들이 불교에 귀를 기울이고 있습니다. 우리나라에 기독교가 많은 영향을 미치고 있듯, 불교는 서양 선진국에서 새로운 가치로 받아들여지고 있습니다.

몇 년 전 독일문학협회 사무총장이자 철학가인 분이 우리나라에 초청을 받아 경주로 오게 되었는데, 그분과 2시간 동안 대화를 나눈 적이 있습니다.

그때 그분의 이야기는 한마디로 '세계의 많은 지성인들이 불교를 평화의 종교로 이해하며, 또한 불교에 귀의하고 있다'라는 얘기였습니다.

한 예로 달라이 라마는 중국에 나라를 빼앗기고 50여 년간 망명정부를 이끌며 독립운동을 하는 과정에서 중국을 상대로 공적이든 사적이든 저주의 말을 했다든지, 저질의 말을 하거나 욕을 한 적이 한 번도 없다는 겁니다. 어디까지나 인류의 평화, 인류 보편의 가치에 입각해 독립의 당위성을 세계에 알렸다는 거예요. 독립 운동을 한 나라치고 평화적으로 한 곳이 없습니다. 모두 무력과 테러 등의 방법을 통해 독립을 시도했습니다. 그러나 달라이 라마는 한 번도 그러한 방법을 사용하지 않았다는 거지요.

그래서 세계에서 이 사람의 사상에 주목하게 되었다는 겁니다. 여기에서 불교 사상을 보게 된 거지요. "달라이 라마를 통해 세계의 지성인들이 불교를 새롭게 받아들이면서 전쟁이 판

을 치는 시대에 평화를 가르치는 유일한 종교, 평화의 종교라는
것을 알고 많은 지성인들이 불교에 귀의하고 있다"라는 이야기
를 해주었습니다.

인도를 여행할 일이 있었습니다. 월주 스님을 모시고 룸비니
를 갔었는데, 그곳에 각 나라에서 땅을 사서 포교도 하고 신행
활동도 하는 모습을 볼 수 있었습니다. 그곳에서 프랑스와 독일
의 사찰이 크게 들어서 있는 것을 보고 서양 선진국에서 이미
불교를 받아들여 포교에 앞장서고 있다는 사실을 확인할 수 있
었습니다.

이런 모습들을 보면서 부처님의 가르침은 흥망성쇠는 있을지
언정 진리이기 때문에 인류가 존재하는 이상 그 가르침은 결코
사라질 수 없다는 고무적이며 희망적인 생각을 합니다.

앞에서 '응무소주 이생기심'의 독송에 대해 말했는데, 많은
경을 독송하면 좋지만 한두 구절만 열심히 해도 된다고 하는 것
이 신앙적인 가르침입니다. 그리고 사실입니다.

《금강경》의 사구게인 '범소유상 개시허망 약견제상비상 즉
견여래(凡所有相 皆是虛妄 若見諸相非相 卽見如來)', 또는《반야심
경》의 어느 구절이든 바른 믿음을 가지고 하면 성취됩니다.

이때 정신(正信)으로 하느냐가 중요한데, 노파는 비록 무식하
지만 진심으로 받아들여 열심히 독송했기 때문에 지혜가 열려
자신뿐 아니라 다른 사람의 일까지 다 보아서 방향을 제시해주

게 되었습니다. 지혜가 열린 것이지요. 그런데 그것을 가르쳐 주신 분이 와서 노인이 독송하는 것을 들으니 잘못하고 있어요.

자기는 '응무소주 이생기심' 이라고 가르쳐 주었는데 제대로 못 알아듣고 '대맥소맥 이성오합' 이라고 독송하고 있었습니다. 그렇지만 독송을 잘하고 못하는 문제가 아니라 지극 정성 받아들여서 이것을 통해서 부처님의 가호가 있다는 사실을 믿었기 때문에 노파는 자기의 안목도 열리고, 다른 사람의 안목까지도 방향 제시할 정도가 된 겁니다. 그래서 바른 믿음이 중요하다고 말하는 겁니다.

《화엄경》에서는 신위도원공덕모(信爲道元功德母)라 하여 믿음을 모든 공덕의 어머니라고 했습니다. 어머니가 모든 것을 탄생시키듯, 믿음이 모든 공덕의 모체가 된다는 말씀입니다. 믿음이란 이처럼 중요합니다.

그래서 가르쳐 준 분이 가서 '할머니 이거는 잘못된 겁니다' 라며 '응무소주 이생기심' 을 다시 바르게 가르쳐 주었는데 그때부터 그 할머니의 지혜가 없어져버렸다는 이야기가 실화로 전해오고 있습니다.

부처님 가호가 있겠느냐 없겠느냐 하고 의심하면서 절에 오시면 부처님의 가호가 없으시리라 봅니다. 그러나 노파처럼 '내가 기도를 하면 부처님께서 꼭 성취해주실 것이다' 라는 일념으로 믿으면 노파가 독송을 잘못했는데도 안목이 열렸듯, 여러분에게도 복이 오리라고 봅니다.

다른 종교와 비교를 해보겠습니다.

다른 종교에서는 신이라는 창조주가 있어서 우주를 창조하고 인간을 창조했다고 말합니다. 그런데 인간이 신의 가르침을 배반했기 때문에 죄악을 알게 되고 고통 받게 된다고 이야기합니다. 거기에 대해 우리가 이런 질문을 할 수 있습니다.

만약 신이라는 존재가 있어 우주와 인간을 창조했다고 하면 인간은 하느님의 뜻을 거역한 대가로 고통을 받는다 하더라도, 인간 외에 잘못된 악의 요소들은 왜 자꾸 나타나고 있을까요? 우리가 살아가는 이 현상계는 생각하지도 못한 천재지변으로부터 많은 악의 요소들이 일어나고 있지 않습니까? 그것은 왜, 누구의 의지로 인해 나타나는 걸까요? 이런 의문이 들지요.

신을 강조하는 종교인에게 질문하면 그분들은 이렇게 답합니다. 그것은 신의 책임이 아니라 신을 모독하는 요소가 있어, 그 요소의 작용에 의해 악이 자꾸 일어난다고 합니다. 그 신을 모독하는 요소가 무엇이냐는 질문에 대해서는 악마, 사탄이라고 대답합니다. 그것들이 인간 주변에서 신의 의지를 거역하는 요소로 작용하고 있다고 설명합니다.

세상에는 사람도 있고 동물도 있습니다. 그중 뱀을 악마의 상징적인 존재라고 봅니다. 그래서 그 사람들은 뱀을 보면 마구 죽입니다. 이 세상의 잘못된 현상은 하느님의 뜻이 아니라 악마

수행자는 고요하지만 적막하지 않습니다.
외롭지만 그 외로움에 마음을 다치지 않습니다(傷心).
침착하지만 우유부단하지 않습니다. 즐겨 듣지만 함부로 말하지 않습니다.
자신을 낮추지만 위의(威儀)를 잃지 않습니다. 홀로 가지만 혼자 가지는 않습니다.

의 영향이라는 거지요. 하느님 책임이 아니라고 보는 겁니다.

그럼 불교적인 입장에서는 오늘날 일어나고 있는 여러 가지 현상들을 어떻게 볼까요?

불교에서는 우리 내면에 번뇌라는 요소에 의해 나타나는 인간이 만들어내는 자작자수(自作自受) 현상이라고 봅니다. 인간들이 변하면 악의 요소들은 없어지지만 인간이 변하지 않은 채 탐욕을 부리고 진심(嗔心)을 내며 어리석은 행동을 하면 악의 현상들은 일어날 수밖에 없다고 보는 거죠. 책임을 외부에 돌리는 것이 아니라 우리 내부로 돌리는 겁니다. 그렇기 때문에 불교에서는 수행을 통해 번뇌망상(煩惱妄想)을 하나하나 제거해나갈 때 우리의 본래 자리로 돌아가 지혜가 나타나서 참된 행복을 성취할 수 있다고 보는 것입니다.

불교에서는 삼독이 근원이 되어서 6번뇌가 되고, 그것이 발전해서 108번뇌와 8만4천번뇌가 된다고 봅니다.

삼독에 세 가지를 더하면 육번뇌인데, 그것을 만(慢)이라고 하지요. 아만(我慢) 또는 자만(自慢)이라고 합니다. 이 자만심이 인간 정신을 말살시키는 원인입니다.

평소에는 겸손하던 사람도 재산을 갖거나 벼슬을 하게 되면 변해버립니다. 저는 그런 사람을 더러 봅니다.

사법시험 합격하기 전에는 필요하면 저한테 신세도 지면서 친했던 사람이 시험에 합격하고 나서는 연락이 없더라고요, 사람이 변해버렸어요. 그런 사람이 있는가 하면 그렇지 않은 사람도 있어요. 그러나 대부분 사람은 이렇게 변합니다. 왜 그렇게 되느냐? 아만심 때문입니다. 내가 최고인 줄 착각하여 남을 무시하는 아만심이 작용하여 그 사람의 인격을 탁하게 만드는 겁니다.

그리고 다섯 번째 들어가는 번뇌가 의심입니다. 의심하고 바로 믿지 않고 받아들이지 않는 겁니다. 앞서 말한 노파는 '응무소주 이생기심'이라 했을 때 그저 받아들였습니다. 그러나 두 번째 갔을 때는 가르쳐 준 사람의 말을 듣고 의심하게 된 거지요. 여기에서 정성이 모아지지 않은 거지요. 정견과 정사유가 되지 않은 겁니다. 그러니까 성취를 못하는 것이지요.

마찬가지로 부처님의 말씀을 듣고 실천해나가고 참된 행복을 구하기 위해서는 의심이 없어야 하는데 말이죠.

그리고 여섯 번째에 해당되는 번뇌는 사견(邪見), 잘못된 견해를 말합니다. 주의주장, 잘못된 이념들이지요. 요즘 잘못된 이념 때문에 얼마나 사회적 갈등이 많습니까? 자기주장만 무성하지요. 그것은 사견에 사로잡혀 전체를 보지 못하는 데서 오는 누를 범한 탓입니다.

그래서 육번뇌는 본인도 타락하여 불행할 뿐 아니라 주변까지도 악의 요소를 야기하고 있다고 봅니다. 그 원인이 나한테 있는 거지요. 여기에서 불교적인 수행이 절대적으로 필요하게 된 겁니다.

탐심이란 것을 한 번 생각해봅니다. 탐심이 우리가 살아가는 데 전혀 없을 수는 없지요. 산다는 그 자체도 어찌 보면 욕심일 수 있습니다. 그러나 여기서 말하는 삼독의 탐(貪)은 지나침을 말합니다. 남하고 자꾸 비교하는 욕심.

나는 못났는데, 저 사람은 왜 잘났느냐? 이래서 끝없는 욕심이 일어납니다. 나는 집을 하나밖에 못 가졌는데 왜 저 사람들은 두 채를 가졌나? 이렇게 끝없는 물욕을 추구하는 겁니다.

물량적으로 추구해서는 끝이 없지요. 결과적으로 물량을 최고로 가진 사람이 우리나라 최고의 갑부이겠는데, 그런 갑부는 한 사람밖에 없지 않죠. 그럼 최고의 갑부는 행복한가요? 그렇지 않아요. 최고 갑부는 그것을 지키기 위해서 온갖 노력을 다 해야 합니다.

그래서 부처님께서는 지족(知足)이 최고의 부자라고 하셨습니다. 족함을 아는 것이 부자가 되는 길이라고 말씀하신 겁니다. 물량을 추구하던 사고에서 변화함으로써 행복을 일궈야 한다고 생각하셨지요. 욕심을 자꾸 키워나가서는 끝이 없습니다. 그 욕심을 변화시키지 않으면 행복해질 수 없다는 겁니다. 그래서 탐심의 탐은 지나친, 끝없는 욕망을 말합니다.

'생경(生經)' 에 보면 욕망을 이렇게 비교하고 있습니다. 옛날 어떤 욕심 많은 남자가 제석에 원을 해서 보배병을 하나 얻었답

니다. 이 보배병은 원하면 뭐든 이루어줍니다. 금을 원하면 금이 나오고, 은을 원하면 은이 나오고, 돈을 원하면 돈이 나오는 거지요. 못살던 사람이 보배병을 받았으니 얼마나 원을 많이 했겠습니까? 그래서 돈을 많이 모아서 잘살게 되었습니다.

그런데 이 사람이 어떻게 됐습니까? 돈이 많아지자 사람이 변했지요. 아만심이 생긴 겁니다. 그래서 자기에게 부를 가져다준 보배병을 자만심에 의해 땅에 떨어뜨리게 됩니다. 깨져버렸지요. 그러니 어떻게 되었습니까? 그러면서 그동안 모았던 부가 한순간에 없어져버립니다. 왜 없어졌을까요? 보배병이 있을 때는 부가 유지되었지만, 원인이 없어지니 따라서 그것도 없어져 버린 겁니다.

또 인도의 비유 중에 이러한 예가 있습니다. 어떤 사람이 친구 집에 갔더니 소가 한 마리 있었습니다. 그 사람은 친구의 소를 보고는 가져가면 좋겠다는 생각을 했습니다. 친구에게 '이 소를 나에게 달라' 고 하니 친구는 소를 줘버립니다.

그런데 이 사람은 99마리의 소를 가진 사람입니다. 그런데도 100마리를 채워야겠다는 욕심에 한 마리밖에 가지고 있지 않은 친구의 소를 욕심 낸 겁니다.

한 마리밖에 소를 가지지 못했지만 그마저 친구에게 내주면서 친구의 기뻐하는 모습을 본 그 사람이 행복했겠습니까? 아니면 100마리를 채운 사람이 행복했겠습니까?

1마리를 준 사람이 행복할지언정 100마리를 채운 사람은 행복하질 않습니다. 100마리를 채우면 그다음은 200마리를 채워야겠다는 욕심이 생깁니다. 끝이 없지요.

그래서 불교에서는 탐욕을 가장 큰 독소로 봅니다. 자기 자신을 멸망으로 이끄는 요소입니다. 우리가 살아가는 데 필요한 최소한의 재물을 말하는 것이 아닙니다. 끝없는 욕심을 말합니다. 보배병을 깨듯, 그리고 소 100마리는 새로운 번뇌의 시작이라는 겁니다.

행복과 쾌락은 분명히 다릅니다. 보통 사람들은 행복과 쾌락을 혼동하는 경우가 있는데, 우리가 부처님 법을 믿고 가르침을 통해서 얻고자 하는 바는 행복하자는 겁니다. 결코 쾌락을 추구하려는 것이 아닙니다. 행복에 쾌락의 요소가 전혀 없지는 않지만, 행복은 정신적이고 영원하며 지속적이란 사실을 알아야 합니다.

그다음 진심(瞋心)은 인격을 파탄으로 이끄는 아주 무서운 독소입니다. 그래서 번뇌 중에서도 진심은 철저하게 배제해야 한다는 겁니다.

옛날에 금강산 돈도암에 아주 열심히 수행하던 스님이 계셨습니다. 견성성불(見性成佛)의 경지에 도달하려던 무렵이었습니다. 무더운 여름이었는데, 더운 탓에 문을 열어놓고 문지방에 손을 얹은 채 좌선을 하고 있었습니다. 그런데 갑자기 강한 바람이 불어와서 문이 닫히면서 손가락이 잘리고 말았습니다.

그만 수행자는 크게 진심을 내고 말았습니다. 하지만 이는 바람이나 문의 잘못이 아니지요. 바람이 불어 문이 닫히면 손가락이 다치는 건 당연한 것 아닙니까? 자기의 잘못을 문과 바람에 돌리면서 성을 낸 거지요. 성을 내다보니 수행력은 어디로 가버리고 하루아침에 뱀의 몸을 받았다는 이야기가 금강산에 전해오고 있습니다.

그때 수행자가 이런 시를 썼다고 합니다.

다겁수행근성불(多怯修行近成佛) 일기진심수사신(一起瞋心受

巳身)이라. 오랜 세월 수행해 무상의 경지에 도달하려 했는데 한 번 진심을 일으키는 찰나에 뱀의 몸을 받게 되었다. 이 말은 후대인들에게는 진심을 내지 말라는 경계이지요.

그다음은 어리석음이라 했지요. 어리석음은 잘못된 생각, 타당하지 않은 행위를 말합니다.

《비유경(譬喩經)》에서는 이런 이야기를 하고 있습니다.

옛날 어느 농촌에 젖소를 키우는 사람이 있었습니다. 젖소는 젖을 짜주어야 하는 시간이 있습니다. 그런데 이 사람이 매일 젖을 짜다 보니 귀찮거든요. 그래서 필요할 때만 짜야겠다고 생각합니다. 그런데 손님이 찾아와 젖을 짰더니 나오지 않는 거예요. 바로 이것이 어리석음입니다.

《비유경》에 또 이런 비유가 나옵니다. 어떤 사람이 친구 집에 가니 친구가 음식을 대접하면서 국이 싱거우면 넣으라고 소금을 가져다줍니다. 국이 좀 싱거워서 소금을 넣었더니 아주 맛있거든요. 그런데 이 사람은 소금이 맛을 내는 줄 알고 음식 먹을 때마다 소금을 쳤습니다. 결국 그는 염분을 너무 많이 섭취한 탓에 죽었다는 이야기가 있습니다.

제가 어릴 때 이런 경험을 했습니다. 요즘 말하는 조미료에 관한 얘기입니다. 옛날에는 이를 아지노모도라고 했습니다. 제가 20대 전후일 때이니 아지노모도는 부자들이나 먹을 수 있었습니다. 절에서도 큰스님은 더러 잡수셨어요.

그런데 큰스님 밥상에 꼭 하얀 병이 놓여 있고, 큰스님께서는 그걸 막 뿌려서 잡숴요. 그땐 그것이 뭔지 몰랐는데 나중에 보니 아지노모도, 바로 독소라! 그 스님께서는 대단히 큰스님이었는데, 오래 생존하지 못하시고 돌아가셨어요.

그래서 육번뇌가 인간을 망가뜨리고 거기에서 모든 죄악의 현상들이 나타난다고 보는 겁니다.

우학 큰스님께서 오늘 행사가 영가천도에 관계된 것이므로 거기에 대해 말씀해달라고 했습니다. 지금부터는 그 부분에 대해서 말씀드리겠습니다.

인과응보란 말씀 아시지요? 경전에서는 인과응보에 대해 논리적인 체계를 갖춰놓았습니다. 불교의 중심 사상이지요.

불교가 중국을 통해 우리나라에 오기 전까지는 《삼세인과경(三世因果經)》이란 경전이 우리나라에도 없었고 중국에도 없었습니다. 불교가 중국을 통해 들어오면서 중국 사람들의 의식에 새로운 삶의 가치로 자리 잡게 되었고 우리나라도 마찬가지입니다.

불교가 들어오기 전 중국에는 유교와 도교가 있었습니다. 도교는 무위자연(無爲自然), 유교는 윤리 도덕을 강조합니다.

공자가 살아계실 때 십대 제자의 한 사람인 자로(子路)가 하루는 공자께 "우리가 살다가 죽으면 어떻게 됩니까"라며 내생에 대해 물었습니다.

그러자 공자께서 대답하시길, "금생(今生)의 일도 다 모르는데 내생(來生)의 일을 어찌 알겠느냐”라고 말했습니다. 이것을 통해 볼 때 유교는 현실적입니다. 과거나 미래에 대해 언급하지 않습니다. 그것이 유교의 한계라고 할 수 있습니다. 미래의 방향을 제시하지 않으면 종교라고 할 수가 없습니다. 종교적 본질이라 할 수 없습니다. 그럼에도 우리나라에서는 유교가 종교로 등록 돼 있지요. 종교는 분명히 미래의 방향이 제시되어야 합니다.

공자가 가장 아끼는 제자 가운데 안회(顏回)라는 사람이 있었습니다. 진실하고 학문도 깊으며 예의 바른 제자였습니다. 그런데 안회가 서른한 살에 요절하고 맙니다. 얼마나 가슴이 아팠겠습니까? 공자도 안회의 죽음 앞에 가슴 아파했다는 기록이 남아 있습니다.

그런데 나쁜 일을 도맡아놓고 하는 도철이라는 사람이 있었습니다. 도철은 악인의 대명사였습니다. 그럼에도 그는 팔십이 넘도록 살았습니다. 이 문제는 유교적 관점에서 해결되지 않습니다. 해석이 불가능한 겁니다.

왜 안회는 요절을 하고, 도철은 오래도록 살 수 있었는지에 대해 해석할 수가 없어요. 유교 사상으로는 해결할 수 없습니다.

그런데 불교가 중국에 오면서 《삼세인과경》이 들어왔습니다.《삼세인과경》에서는 오늘의 사는 모습은 금생의 일도 되지만, 과거생(過去生)이 상당 부분 금생에 영향을 미치고 있다고 말합니다. 그리고 오늘의 모습은 오늘에 국한되는 것이 아니라

미래에 상당한 영향을 준다고 봅니다. 삼세(三世), 즉 전세(前世)·현세(現世)·내세(來世)가 분명히 있다는 거죠. 있을 뿐만 아니라 윤회의 관계로서 서로 영향을 주고 있다는 겁니다.

그래서 과거생에 나쁜 일을 한 사람은 금생에서 아무리 잘한다 하더라도 전생의 영향 때문에 한 만큼 성취를 이루지 못한다는 거죠. 또 과거생에 착한 일을 한 사람은 금생에서 악한 일을 한다고 하더라도 과거생의 영향 때문에 금생에 나쁜 일이 덜 일어난다는 것이 《삼세인과경》의 핵심적인 사상입니다. 이런 사상으로 살펴보면 안회와 도철의 삶이 이해가 됩니다.

백중의 기원은 부처님의 십대 제자인 신통제일 목건련과 그 어머니에서 비롯되었습니다. 신통력이 뛰어난 목건련 존자는 어머니가 돌아가신 뒤 지옥에서 고통 받고 있는 것을 보게 됩니다. 훌륭한 아들을 뒀지만, 어머니는 평소에 살생하고 나쁜 업만 지었기 때문에 지옥에 간 겁니다.

그러나 목건련 존자로서는 자신의 어머니가 고통 받고 있는 모습을 두고 볼 수만은 없었던 거지요. 그래서 부처님께 하소연했던 것입니다. "어머니께서 평소에 지은 과보로 지옥고를 받고 계시는데 어떻게 하면 이고득락(離苦得樂)케 할 수 있겠습니까?" 이에 부처님께서 "칠월백중을 계기로 해서 여러 종류의 과실 등 공양물을 올리고 수행자들을 초대해 독경을 하면 그 공덕으로 이고득락할 것이다"라고 하셨지요. 목건련 존자가 부처님의 말을 따름으로써 어머니의 지옥고를 면했다는 얘기가 《목련경(目連經)》에 실려 있습니다.

이런 경우들을 보면 우리가 금생에 아무리 열심히 한다고 해도 한계가 있지요. 그렇다고 금생에 최선을 다할 필요가 없다는 말은 아닙니다. 그 결과는 헛되지 않아 금생이 아니라도 내생에 꼭 이루어진다고 믿는 것이 불자의 도리입니다.

제가 몇 년 전에 티베트를 갔을 때 티베트인의 얼굴에서 절망을 보기란 어려웠습니다. 그 이유는 종교적인 신망이 있기 때문입니다. 신망이란 금생에서는 고통 받고 있지만 내생에는 분명히 이고득락할 것이라는 믿음입니다. 그래서 그들은 시간이 나면 달라이 라마가 있던 궁전을 향해 삼보일보 참배하는 겁니다.

이제 결론을 내릴까 합니다. 원효 스님을 잘 아시지요? 원효 스님은 한국이 낳은 위대한 사상가이자 집필가이며 실천가입니다. 삼국이 통일된 이후 신라에는 많은 갈등이 있었습니다. 그 갈등을 부처님의 가르침을 통해서 가라앉히고 새로운 방향을 제시해준 사람이 원효 스님입니다.

원효 스님께서 이런 말씀을 하셨습니다. "귀로 부처님 경전의 명호만 들어도 일승이라는 최고의 경지를 성취하고 나아가서 다시는 중생으로 돌아오지 않으며, 입으로 부처님의 명호만 외워도 삼계를 벗어나서 다시 윤회를 받지 않는다."

이 말을 귀감을 삼는다면 우리가 어떤 신앙의 자세를 가져야 하는지를 알 수 있습니다.

부처님께서 열반하신 뒤 대승경전을 중흥시키고 대승사상을 체계화하고 이론화한 용수 보살이라는 분이 있었습니다. 용수 보살의 저술 가운데《지도록》책에 아주 재미있는 이야기가 실려 있습니다.

절 근처에서 사는 노파가 있었습니다. 이 노파는 절을 매우 싫어했다고 합니다. 그러니 당연히 스님들도 싫어했겠지요. 그런데 어느 날 자신이 키우던 소가 절 경내로 들어가 버렸습니다. 할 수 없이 노파는 소를 잡아오기 위해 절 경내에 들어갈 수밖에

없었겠지요. 그래서 절에 들어가게 됐는데, 스님들의 처지에서
는 소 때문에 들어왔지만 반갑기도 하고 노파의 정신을 바꾸기
위해 '마하반야바라밀' 이라며 염불을 세 번 해주었다는 거예요.

마하반야바라밀은 아주 중요한 거지요. 반야바라밀을 통해
지혜를 완성해가려는 《반야심경》의 핵심이 담겨 있는 염불입니
다. 하지만 싫어하는 절에도 갔고 듣기 싫은 염불도 들은 노파
는 기분이 아주 언짢았습니다. 그래서 집에 가자마자 소를 묶어
놓고는 귀를 씻었다는 거예요. 귀를 씻으면서도 귀만 씻어서는
안 될 듯해 '마하반야바라밀' 을 세 번 뱉어냈다는 겁니다.

그런 할머니가 얼마 뒤 죽고 난 바로 이튿날 딸의 꿈에 나타
나서 딸에게 당부를 하더랍니다. "나는 절을 싫어해서 평생 절
에 가지 않았고, 마하반야바라밀을 세 번 뱉어냈지만 그 때문에
지옥고를 면하고 극락세계에 가게 되었으니 너희들은 부처님
법을 믿고 열심히 복을 지으라."

원효 스님이 이런 이야기를 참고하시지 않았나 하는 생각도
해봅니다.

절에는 자주 다니는 것이 좋고, 절도 많이 하면 말할 수 없는
공덕이 되며, 염불도 많이 하면 금생뿐 아니라 내생에 공덕이
되므로 여러분들이 원하는 진정한 행복을 이룰 수 있음을 말씀
드립니다. 부지런히 닦고 닦아서 너나없이 모두 성불하기를 기
원합니다.

가져도 가져도 늘 부족합니다. 나누고 또 나누어도 부족하지 않습니다.
욕심은 채워도 채워도 늘 모자라지만 베풂은 나누어도 나누어도 줄지 않습니다.
채워지지 않는 욕심보다는 나누어도 줄지 않는 삶이 더 행복하지 않겠습니까.

마음 멈춘 곳에 행복이라

1판 1쇄 발행 2007년 5월 27일
1판 4쇄 발행 2008년 4월 24일

지은이 · 성타
사진 · 양병주
펴낸이 · 주연선

책임편집 · 이진희
편집 · 이신혜 최형연 강소라 김광일 이외숙 이효선
디자인 · 정혜욱
마케팅 · 김호 장병수 이정희 노재용
관리 · 구진아

도서출판 은행나무
121-839 서울특별시 마포구 서교동 384-12
전화 · 02)3143-0651~3 ｜ 팩스 · 02)3143-0654
등록번호 · 제 10-1522호(1997. 12. 12)
www.ehbook.co.kr
ehbook@ehbook.co.kr

잘못된 책은 바꿔드립니다.

ISBN 978-89-5660-196-0   03220